気持ちを
繊細に表す
ための

英語の "感情動詞"

English "emotional verbs" to express feelings delicately

51

関正生
Seki Masao

かんき出版

「感情」の語彙が増えるとスッキリする

もし「ペンギン」という単語を知らなかったら、あの生き物を人に伝えるとき、すごく苦労すると思いませんか？「なんか氷の上にたたずんでいる、黒と白のツートンカラーで、顔は鳥っぽいのに、体つきは飛べる感じがしないし、実際に飛んでるところを見たこともないけどなぜか泳ぐヤツ」と言っても、相手に通じるかはわかりません。

しかし実際には「ペンギン」という一言ですべてが通じてしまうのです。

人間の「感情」もこれと同じ面があります。自分の複雑で繊細な気持ちをズバリ言い表せる単語を知っていれば、その感情を明確に伝えることができます（もちろん相手もその単語を知っていることが前提ですが）。

そして何より、自分自身の気持ちがスッキリするのです。逆の立場でも同じで、相手が発する気持ちをきちんと受けとめてあげることができるのです。

その「感情を繊細に表す」ときに重宝する動詞を徹底的に扱うのが本書の役目です。

一見、こんなマニアックでニッチに見えるテーマの本ですが、実際の英会話では感情を表す動詞は欠かせません。

具体的に「なぜ感情を表す動詞が大切なのか？」「どうして多くの人がミスをして使いこなせないのか？」はChapter0でしっかり説明しますが、まずはこの本を手にしていただいたそのご縁・奇跡が、みなさんの英会話力向上の起爆剤になることをお伝えしておきたいと思います。それでは始めましょう。

関　正生

CONTENTS

Chapter **0**　なぜ感情動詞なのか？

- 感情動詞の守備範囲の広さ —— 8
- 感情動詞を使いこなせない理由 —— 10
- 感情動詞の攻略ポイント —— 11

Chapter **1**　歓喜系の動詞

amuse —— 18　　**interest** —— 22　　**excite** —— 26
thrill —— 30　　**delight** —— 34

Chapter **2**　安心・満足系の動詞

please —— 40　　**satisfy** —— 44　　**relieve** —— 49
entertain —— 53　　**refresh** —— 56

Chapter **3**　感動・印象系の動詞

move —— 62　　**touch** —— 65　　**impress** —— 69
strike —— 73

Chapter **4**　魅了系の動詞

attract —— 78　　**fascinate** —— 82　　**enchant** —— 85
charm —— 88　　**absorb** —— 91

Chapter **5**　驚愕系の動詞

surprise —— 96　　**amaze** —— 100　　**astonish** —— 103
shock —— 106

Chapter **6**　疲労・退屈系の動詞

bore —— 110　　　**tire** —— 114　　　**exhaust** —— 117

Chapter **7**　困惑・混乱系の動詞

upset —— 122　　　**perplex** —— 126　　　**embarrass** —— 128
confuse —— 131　　　**baffle** —— 135

Chapter **8**　失望系の動詞

disappoint —— 140　　　**depress** —— 143　　　**discourage** —— 146

Chapter **9**　怒り・嫌悪系の動詞

irritate —— 150　　　**annoy** —— 153　　　**bother** —— 156
offend —— 159　　　**disgust** —— 163　　　**humiliate** —— 166

Chapter **10**　恐怖系の動詞

scare —— 170　　　**frighten** —— 173　　　**terrify** —— 176
horrify —— 179　　　**alarm** —— 181

Chapter **11**　「傷つける」系の動詞

hurt —— 186　　　**injure** —— 190　　　**wound** —— 193

Chapter **12**　「〜する」型の動詞

marvel —— 198　　　**fear** —— 200　　　**relax** —— 203

音声を聴く方法

　本書の♪マークがついた部分は音声を収録してあります。

　本書の音声はお手持ちのスマートフォンやタブレットで、すべて無料で
お聴きいただけます。

　下記のQRコードまたはhttps://www.abceed.comより、アプリ
「abceed」をダウンロードのうえ、『英語の"感情動詞"51』と検索してく
ださい。

※abceedは株式会社Globeeの商品です。

※本書の音声はabceed以外での再生には対応しておりません。

音声に関する不具合は、下記URLからお問い合わせください。

［お問い合わせフォーム］

https://www.abceed.com/contact

収録　ELEC

ナレーター　Neil DeMaere　Jennifer Okano　James House

なぜ感情動詞なのか？

この本を手にしているみなさんは、単に「感情の単語を暗記する」わけではなく、感情動詞に真正面から向き合おうとしているわけです。その心意気とチャンスを十分に活かして効率的な学習をするために、まずはほんのちょっとだけ「ミニ講義」にお付き合いください。

感情動詞の守備範囲の広さ

試験・英会話・趣味で大活躍

　感情動詞の知識は大学入試において超頻出事項です。文法・長文だけでなく、リスニングでも重要です。大学の先生があえて出題するということは、英語を理解する上でそれだけ重要だと言えます。

　この本は学習参考書ではないので、「受験に出るかは関係ないんだけど…」という方がほとんどでしょう。そんなみなさんに以下の場面で役立つことをお伝えしたいと思います。

✔ 資格試験（英検やTOEICテストなど）でのスコアアップ

　大学受験同様、文法問題・長文読解・リスニング問題で役立ちます。リスニング試験で出る会話では感情表現が頻繁に登場します。

✔ 英会話で重宝する

　リスニング試験の会話で役立つということは、そのまま実際の英会話でも役立つということです。自分の気持ちを繊細に伝える上で、感情表現は欠かせません。

　また、いつも同じ単語ばかりを使っていると、会話が味気ないものになってしまいますよね。豊かな感情表現を使いこなすことでみなさんの英語表現が華麗に彩られます。

✔ 映画・小説で役立つ

　登場人物の気持ちをリアルに理解して、作品を味わうためには感情表現の理解が必須です。僕自身、洋画を見ているときに、「この感情動詞を解説したい！」と思うことが頻繁にあります。

※実はそれこそが本書を書きたいと思った理由です。「感情動詞」は、不定詞や関係代名詞のように、1つの単元にするべきだとさえ思っていて、その考えを具現化したのがこの本です。

以上のように、大学受験生から大人まで、豊かな英会話をしたい人に役立つのが感情動詞なんです。

選 定 基 準 な ど ────────────────────

❶なぜ「動詞」だけなのか？
感情表現と聞いて、最初に浮かぶのはhappy・sad・angryなどの「形容詞」かもしれません。しかし感情を表す形容詞は動詞に比べて「使い方」は簡単です。感情表現は「動詞を使いこなす」ことで、一気に英語上級者に肩を並べる、いや超上級者の仲間入りができてしまう分野なのです。本書は感情を表す「動詞」を集中的に解説していきます。

❷動詞の選定基準は？
日本語同様、英語にも感情動詞は無数にありますが、本書で選定した単語は「英会話で使いたい・教科書や試験によく出る動詞」を中心に選びました。教科書や試験で出るということは「将来役立ちますよ」ということであり、「一度は見たことがある可能性が高い（その場合、記憶に残りやすい）」「砕けすぎた表現ではない」ということが担保されるからです。

❸各動詞でページ数は違う
たとえば1つの動詞につき4ページと決めたほうが見栄えはきれいになるのですが、実際には動詞によって必要な情報量は違うのが事実です。本書では各動詞に割くページ数を統一せずに、「理解」をもっとも重視しました。

────────────────────────────

感情動詞を使いこなせない理由

理由（1）　きちんと教えてもらえない

　感情動詞が様々な場面で活躍することはすでに触れましたが、実際には学校や塾・予備校でその重要性が強調されることはなく、単なる「単語扱い」で訳語が示されるだけだったと思います。

　また、その扱い方すら、一貫性がありません。たとえば interesting「面白い」という単語を習った後に be interested in ～「～に興味がある」という熟語を習います。ここで interesting と interested の違いが説明されることはなく、まして、その2つの単語の元になる動詞 interest「興味を持たせる」が出てくるのは数年先なのです。これってめちゃくちゃだと思いませんか。

理由（2）　辞書の訳語ではピンとこない

　もちろん辞書にある訳語は正しいものばかりです。ただ、感情動詞の訳語になると、どうも堅苦しいというか、文字通り「訳語に感情が感じられない」とでも言うか、ピンとこないことが多い気がしませんか。そんな訳語では、「今この気持ちを表したい」というときに候補にならず、結局は「知ってはいるのに会話では使えない単語」が増えるだけなのです。

　これは何も難しい単語に限りません。たとえば interest は「興味を持たせる」という意味なのですが、本書ではさらに掘り下げていきます。interest は「あ、これ、好き」とか「もっと知りたい・やってみたい」という気持ちにさせるときにも使われるのです。こういうことまでを知ることで、自分がその気持ちになったときに、適した場面で "実際に使える" ようになるのです。

感情動詞の攻略ポイント

攻略ポイント（1）　「意味」を正確に掴む

　普通の単語と違って、感情動詞の意味に関しては勘違いが多いのです。たとえばsurpriseという単語ですが、日本語で「サプライズ」という言葉が定着したせいで、動詞surpriseの存在感が薄くなってしまいました。確かにsurpriseには名詞「驚き」や日本語と同じようにa surprise partyという使い方もあるのですが、重要なのは動詞です。

　その動詞でさえ、意味を問われると、つい「驚く」と答えてしまうミスがものすごく多いのです。surpriseの意味は「驚かせる」です。「驚く」と似ているようで、意味がまったく違います（「私が驚く」と「私が驚かせる」はまるで違う意味ですよね）。

　実はsurpriseに代表される感情動詞は、ほぼすべてが「～させる」という意味だという超重要事項をここで押さえておきましょう。他にもinterestは「興味を持たせる」、exciteは「ワクワクさせる」、disappointは「ガッカリさせる」、pleaseは「喜ばせる」のように、「～させる」型の意味なのです。一見面倒に見えますが、英語では「～させる」で統一が取れているので、一度しっかり押さえてしまえば混乱することはありません。

【補足】「～させる」という発想に馴染んでいこう
日本語の感情表現は（「～させる」型より）「～する」型が圧倒的に使われます。「興味を持つ」「ワクワクする」「ガッカリする」などです。日本語の発想は、興味のタネ（興味の元になるもの）は「自分の心の中にある」という考え方が強いのだと思います。たとえば「一目惚れ」なら、その恋心は「自分の中」から生まれたと考えるのが日本的発想です。
ところが欧米圏（実際には多種多様な文化がありますが、ここではざっくりまとめます）の人たちには、そういう感情を操っている存在がいます。
「神様」ですね。「運命の出会い」という発想です。「運命を作りだしている、その気持ちにさせる」という、他者が「興味を持たせる・ワクワクさせる」という発想です。そういったものが日常からあるせいか、言葉の土台に「～させる」という動詞が、日本語よりも圧倒的に多いのだと思います。

攻略ポイント（2）　感情動詞の使い方を知る（全体像）

　感情動詞は主に３つの使い方があります。たとえばsurpriseであれば、そのまま動詞のsurprise、分詞のsurprising・surprisedの形で使われます。

① 動詞のまま使う

「動詞」なので、主語の後に位置する「英文中の動詞」として使うのが本職といえます。感情動詞は「人を〜させる」という意味なので、動詞の直後に「人」に相当する名詞がきます（たとえばsurprise many peopleの形で「多くの人を驚かせる」）。**"主語＋感情動詞＋人"という形**が基本形となるわけです。

※ちなみに文法的に説明すると、感情動詞は「他動詞」なので、直後に目的語になる「名詞」がくるという説明もできます（文法用語が嫌いな方はスルーして大丈夫です）。

② -ingの形で使う

動詞を-ingにすることで「形容詞化」します。形容詞と同じ働きで、**名詞を修飾したり、be動詞の後にきたり**します。

たとえばsurprisingなら、surprising news「驚かせるようなニュース（衝撃的なニュース）」のように使えます。この場合は、surprisingがnewsを修飾しているわけです。

③ -edの形で使う

-ingのときと同じように、-edにすることで「形容詞化」します。やはり**名詞を修飾したり、be動詞の後にきたり**します。

たとえば、I was surprised. で「私は驚かされた」→「私は驚いた」となります。

攻略ポイント（3）　-ingと-edを使い分ける!

-ingと-edの使い分けは、-ingは能動「〜する」、-edは受動「〜される」という点がポイントです。

※この-edは（過去形ではなく）過去分詞形と呼ばれるものです。

be+p.p. は、文法的には受動態という形で、これは「受け身」と呼ばれることもあり、「〜される」という意味になります。感情動詞は本来「〜させる」という意味なので、受動態になったときの直訳は「〜させられる」で、それがつまり「〜した」となるわけです。**日本語で我々が気持ちを表すときの「〜した」に相当するのが、このbe+-edの形になります**（それゆえ日常会話ではこの形を多用することになります）。

さて、本題の-ingと-edの区別ですが、たとえばexcitingとexcitedを使った、次の文はそれぞれどういう意味になるでしょうか？元の動詞exciteは「ワクワクさせる」という意味です。

---

❶ Masato is exciting.　　　❷ Masato is excited.

まず、❶のexcitingはただ-ingがついただけで大きな変化は起きません（もちろん品詞は動詞→形容詞と変化しますが、意味そのものに大きな変化はありません）。

excitingは「**（周りの人を）ワクワクさせるような**」ということで、「魅力的」だったり、「カリスマ性」があったりします。しかし主語本人がワクワクしているかはわかりません（本人のテンションは低いかもしれません）。

❷のbe excitedの形は受動態「〜される」の形で、**「ワクワクさせられる」→「ワクワクした」**となります。これは「主語本人がワクワクしている」わけです。周りはシラけていても問題ないのです。

解答例

❶ Masato is exciting.「マサトは（他者を）ワクワクさせるような人間だ」

❷ Masato is excited.「マサトは（本人が）ワクワクしている」

　この区別は多くの人が苦手とするので注意が必要です。能動・受動の間違いによってまるで意味が変わってしまいますよね。

　以前、仕事で一緒になったネイティブ校閲者が「外国語なのでミスが出るのは当たり前だけど、日本人の-ingと-edの混同はものすごく気になる」と言っていました。なまじ意味が通じてしまうだけに気になるのでしょう。You are tired.「あなたはお疲れですね」のつもりで、You are tiring. と言ってしまうと「あなたは（周りの）人を疲れさせる」となるからです。

感情動詞の「-ingと-edの判別」

①その気持ちにさせる／その感情を「与える」 　→ **-ingを使う**

②気持ちにさせられる／その感情を「与えられる」→ -edを使う

【補足】「もっと簡単な方法を習ったんだけど…」と思ったら読んでください

感情動詞の-ingと-edの判別で、もしかしたら「まわりくどい説明だなあ」と感じた人もいるかと思います。というのも、この判別に関しては「主語が人なら-edを使う／主語が物なら-ingを使う」という教え方が横行しているからです。

確かに、exciting は「人」よりも「物」を主語にすることがはるかに多いのですが（This book is exciting.「この本、ワクワクするほど面白いよ」）、「人」を主語にした文も成り立つわけです。また、amaze「驚かせる」を使った、You are amazing!「すごいじゃないか！」という文は映画などでも頻繁に耳にします。

世間に広まっている「主語が人なら-edを使う」は間違いなのです（確かに「物が主語になる」場合は（物がその感情にさせられることなどありえないので）常に-ingにはなりますが）。

先ほどの「させる」なら-ing、「させられる」なら-edという判別方法は、最初は面倒に思えますが、すぐに慣れて一瞬で判別・理解できるようになりますよ。

攻略ポイント（4）　感情動詞とセットでよく使われる前置詞

　感情動詞が-edで使われるとき（be surprisedやbe excitedのような形）は、形の上では受動態なので、その直後にはby「〜によって」がよく使われます。さらにby以外にも色々な前置詞が使われるので、その中でも特によく目にするatとwithだけは事前にチェックしておくと学習がスムーズに進みます。

　atは「一点めがけて向かう」意味があります。感情の例ではありませんが、look at 〜「〜に目を向ける」では、視線が一点に向かうわけです。この「力強さ」が感情にも適用され、「強い感情」のときにはatが使われる傾向があります。

強い感情に使われるat

be surprised at 〜	「〜に驚く」
be alarmed at 〜	「〜に驚く」
get angry at 〜	「〜にキレる」
be shocked at 〜	「〜にショックを受ける」
be disappointed at 〜	「〜に失望する」

　「強く、瞬間的な感情」のatに対して、「一定時間続く、atほど瞬間的な強さがない感情」にはwithが使われることが多いです。

※あくまで「傾向」なので絶対ではないのですが、この傾向は知っておいて損はありません。

安定した感情に使われるwith

be pleased with 〜	「〜に喜んでいる」
be satisfied with 〜	「〜に満足している」
be bored with 〜	「〜にうんざりしている」
be angry with 〜	「〜に怒っている」

1

歓 喜 系 の 動 詞

QUIZ

Chapter1で扱う動詞は次の5つです。
超訳イメージに該当すると思う英単語を
線でつないでみてください。

「思わずニコっとさせる」 amuse

「知りたい気持ちにさせる」 delight

「テンションMAXにさせる」 excite

「顔にライトを照らす」 interest

「ワクワクさせる・テンション上げる」 thrill

amuse [əmjúːz]

♪001

[辞書的な訳語] 楽しませる

「なんとなく楽しそう」というイメージは浸透していますが、amuseが持つ「パッと明るくさせる」ニュアンスは知られていないので、ぜひそこまで押さえておきましょう。

🌱 イメージ喚起

　amuse は「思わずニコッとさせる・笑みがこぼれる気持ちにさせる」という意味での「楽しませる」です。

　遊園地を「アミューズメントパーク（amusement park）」と呼ぶことがあり、これは「楽しませる場所」のことですが、憧れの場所に来た子どもから「つい笑みがもれる」イメージです。

　また、「（お洒落なレストランで）前菜」を「アミューズ」と言うことがありますが、これは「見栄えがよい一品料理」で、「食事を楽しませる料理」という含みがあります。それを見たときの気持ちをイメージしてください。

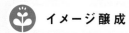 **イメージ醸成**

• amuse the audience with a joke

ジョークで観客を楽しませる

語句 audience：観客・聴衆

• amuse pedestrians by juggling

ジャグリングで道行く人たちを楽しませる

語句 pedestrian：歩行者／juggle：ジャグリングする

大道芸人が、歩行者を楽しませる状況

• an amusing joke／an amusing story

面白いジョーク／面白い話

聞いた人がつい笑ってしまうような話

• be amused at her story

彼女の話を聞いて面白がる

be amused at[by / with] 〜「〜を楽しいと思う」

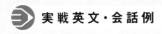
A: Look! There's a clown.

B: Wow. I wish I could amuse pedestrians by juggling, too.

A: It's harder than it looks.

B: I know. I tried juggling before, but I was terrible at it.

> 語句 clown：ピエロ／I wish s could 原形：sが〜できたらなあ
> be terrible at 〜：〜がとても下手だ

　A：見て！ピエロがいるよ。

　B：わぁ。私も道行く人たちをジャグリングで楽しませられたらなぁ。

　A：見かけよりも大変だよ。

　B：知ってるわ。前にジャグリングをやってみたことがあるけど、ものすご
　　　く下手だったもの。

The kids found his magic tricks amusing.

> 語句 magic trick：手品

子どもたちは彼の手品が面白いと思った。

★ find OC「OがCだと思う（わかる）」（ここでは his magic tricks が O、amusing が C で、
直訳「子どもたちは彼の手品が面白いと思わせるものだとわかった」）

＋αの発展事項

かなりの発展内容になりますが、会話では"not + amuse"で（文字通りには「楽しませない」ですが）、実際には「つまらない思いをさせる・不快にさせる」という気持ちで使われます。

That's not amusing.

　笑えないんですけど。

「は？マジで言ってんの？」とか「ふざけないでよ！」というニュアンスがあります。イライラしたときにnot amusing が使われます。

....

I'm not amused.

　笑えないんですけど。

これも、上の That's not amusing. と同じ意味で使えます。参考書ではまず見ない表現ですが、実際には使われます。

....

amuse myself by reading magazines

　雑誌を読んで退屈しのぎをする

amuse oneself by -ing の形で、直訳は「〜することで自分自身を楽しませる」ですが、「退屈しのぎをする」ニュアンスがあります。「誰も相手をしてくれないので、自分を楽しませる」と考えるといいでしょう。

....

使える関連語

amusement 名 楽しみ・娯楽

interest [ínt(ə)rəst]

♪004

[辞書的な訳語] 興味を持たせる

interestingやbe interested in 〜 という形で有名です。これはこれでいいのですが、その分だけ動詞interestの存在が無視されています。

また、be interested in 〜 といえば「〜に興味がある」という訳し方一辺倒です。まるで「学問など高尚なこと」への興味にしか使われない印象を受けると思います（そういう例文ばかりなので）。確かにその意味もありますが、たとえば、Mr. Howell is interested in putting up a fence around his yard. で「庭の周りにフェンスを建てることに興味を持っている」では不自然ですよね。「ハウエルさんは自分の家の庭の周りにフェンスを建てたいと思っています」くらいが英文の意図するところなのです。これを知らないがために、be interested in 〜 を使いこなせない人がすごく多いのです。

🌱 イメージ喚起

interesting も interested も中学英語で出てくるのでお馴染みですが、みなさんが習った印象よりも「強くなったり弱くなったりする」特徴があります。「興味」という言葉にとらわれず、「もっと知りたい気持ちにさせる／気持ちを向かせる」というイメージを持ってください。

たとえば、an interesting book「面白い本」は文字通りの意味で十分ですが、その奥底には「もっと知りたい！」という気持ちがあると知っておいてもいいでしょう。

また、be interested in 〜 も「〜に興味がある」というときだけでなく、「気持ちが向いている／もっと知りたい／結構好き」くらいの「弱い感じ」でもよく使われます。

 イメージ醸成

- **This story interests me.**

  私はこの話に興味がある。

  直訳「この話は私に興味を持たせる」

- **Your presentation was interesting.**

  君のプレゼンは興味深かった。

- **be interested in French literature**

  フランス文学に興味がある

  語句 literature：文学

  be interested in 〜 は、直訳「〜に興味を持たされる」→「〜に興味を持つ」です。これは学校で必ず習う、真面目なinterestのイメージ通りですね。

- **be interested in buying an iPhone**

  iPhone を買おうかなと思っている

  「〜しようかなと思っている」くらいの意味で使われるbe interested in 〜／辞書に「wantを丁寧にしたもの」と書かれていることもあるのです。

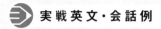

My husband is interested in buying an iPhone.

夫はiPhoneを買おうかなと思っています。

Riko is interested in moving to Malaysia.

リコはマレーシアに引っ越したいと思っています。

★もう1つ、軽いbe interested in 〜 の例を挙げます。今回の英文は「リコはマレーシアへの移住に興味があります」でもOKですが、「〜したい」と軽い感じでも使えるのです。

A: I'm glad I'm done with my presentation! I was really nervous.

B: You did great! Your presentation was interesting.

A: Really?

B: Really. I learned a lot about Greece.

語句 nervous：緊張している（形容詞）／Greece：ギリシャ

A：プレゼンが終わって良かった！本当に緊張していたの。

B：良かったよ！面白いプレゼンだったよ。

A：本当？

B：本当だよ。ギリシャのことがよくわかったよ。

★この文は普通の褒め言葉ですが、ちょっと言い方を変えるだけでニュアンスが大きく変わります（右ページで解説）。ただし、まずは原則をしっかりマスターしておきましょう。

Your presentation was … interesting.

君のプレゼン… まあ、興味深かった、かな。

※「ネガティブなニュアンス」で使われるinteresting
Your presentation was interesting. なら、普通の
褒め言葉で、「君のプレゼンは興味深かった」と
解釈すればOKです。

ところが、もしinterestingの前にちょっとしたタメ（… interesting）をつくる
とニュアンスは大きく変わります。これは、本当はイマイチに感じてるけど、
悪く言うのを避けるときに使う常套手段なのです。

※余談ですが、僕の大学のゼミ（英文科でした）では、各自の発表に対して感想を求め
られたとき、何も言うことがなければ（もしくは聞いていなかったら）とりあえず「興味
深い研究ですね」と言う風潮がありました。帰国子女も多いゼミだったので、もしかした
らこの“… interesting”を誰かが直訳してマネしたのが始まりかもしれません。

⋯⋯⋯⋯⋯⋯⋯⋯⋯⋯⋯⋯⋯⋯⋯⋯⋯⋯⋯⋯⋯⋯⋯⋯⋯⋯⋯⋯⋯⋯⋯⋯

A:　What did you think of my presentation?

B:　It was … interesting. Maybe you could've given us more
　　basic information about Greece, though. I mean, you went
　　pretty deep into Greek mythology.

A:　You're right. Some people seemed a bit lost.

> 語句 go into ～：～を詳細に述べる／pretty：まあまあ・かなり
> mythology：神話
> lost：（説明が難しくて）混乱した・わからない

A：私のプレゼン、どうだった？
B：うん…まあ、興味深かった、かな。でも、ギリシャの基本的
　　な情報をもっと教えてくれてもよかったかもね。ほら、ギリ
　　シャ神話のかなり詳しい話をしていたからさ。
A：その通りね。話がちょっとわからなくなっていそうな人もい
　　たし。

excite [ɪksáɪt]

♪008

[辞書的な訳語] 興奮させる

「興奮させる」と訳されることが多いのですが、その訳語で覚えると、普段の会話でそこまで頻繁に「興奮」という言葉を使わないだけに、このexciteを使う出番が減ってしまいます。

🌱 イメージ喚起

もちろん「興奮させる」という意味もあるのですが、実際の会話では「楽しみ〜！」という感じで、「ワクワクさせる・テンション上げる」イメージを持ってください。「人をhappyにさせる」という感じです。

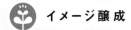 **イメージ醸成**

- **excite the audience with his guitar playing**

彼のギター演奏で聴衆を興奮させる

これは「興奮させる」のイメージでOKのものです。まさに「熱狂」
的な感じです。

- ①**exciting news**　②**exciting discovery**
  ③**exciting opportunity**　④**an exciting film**

①ワクワクする知らせ　②ワクワクする発見
③ワクワクするチャンス　④ワクワクする映画

どれもよく使われる表現で、「楽しみだ〜!」という気持ちにさせる
ニュアンスがあります（すべて「ワクワクさせる」という関係）。たと
えば、exciting opportunityなら、楽しみにしていた海外転勤
の話をもらったときなどに使えます。

- **I'm so excited!**

超楽しみ！

「ワクワクしている」感じで使えます／so「とても・それほど」という
感情がこもったときに使う表現

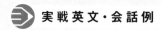

The music excited her.
その音楽で彼女はワクワクした。

- -

I just heard the exciting news! Congratulations on getting engaged!

語句 get engaged：婚約する

すごい知らせを聞いたよ！ 婚約おめでとう！

★ the exciting news「そのワクワクさせるような知らせ」は後に出てくる婚約のことを指します。ここでのtheは「例の」というニュアンスです。

- -

A: How's your daughter doing?
B: She's doing great. She's excited about starting her summer internship.

A：お嬢さんは元気にしてる？

B：元気よ。夏のインターンシップが始まるのを楽しみにしているわ。

＋α の発展事項

「面白い」の区別

① 「(漠然と) 面白い・楽しい」: good　　※すごく便利
② 「興味深い・知的好奇心をそそる」: interesting
③ 「こっけいで面白い (笑える)」: funny
④ 「ワクワクさせるような」: exciting
⑤ 「人を楽しい気分にさせる」: amusing

「面白い」にはこういった使い分けが必要で、interesting や funny の区別は
よく説明されるのですが、実はものすごく便利なのが good です。漠然と「面
白い」には good が使われ、汎用性が高く、頻繁に使われます。
日本語の会話でも、マンガ・本・映画
などについて「すごく良かったよ」と
だけ言うことがよくありますが、
It was really good. と言います。

thrill [θríl]

♪012

[辞書的な訳語] ぞくぞくさせる

ジェットコースターやお化け屋敷で「スリル満点」なんて使われるので、「ハラ
ハラドキドキ」や「怖いこと」に使われる印象が強いと思います。確かに「恐怖
で震えさせる」といった意味もありますが、(その意味は問題なく理解できるの
で)それよりもずっと前向きな意味を意識してください。

🌱 イメージ喚起

excitedが「ワクワク!」なら、thrilledは「キャー!」というイメージ
です。thrill は「**テンション MAX にさせる**」と考えてください。「心臓バク
バクで、happy と excited が混ざったような気持ち」「ワクワク・ドキドキ
して震えさせる感じ」です。日本語
の「スリル満点」は、ここから「震
える」だけが切り取られてしまった
のかもしれません。
※「怖い」と「超楽しい」の両方を持つ
a thrilling ride「スリリングな乗り物」
(遊園地の絶叫マシーンなど)
という表現もあります。

余談ですが、海外スターのインタビューを聞いていると、このthrillが頻繁に出てきます。「テンションが超上がるくらい楽しい」というイメージです。I'm thrilled! なら「超楽しい！」などと訳せます。

 ## イメージ醸成

• a thrilling movie scene

ドキドキ・ハラハラさせる映画のワンシーン

世間のイメージに近い意味です。

• be thrilled to meet Messi

メッシに会ってテンションがマックスになる

「会えるのが嬉しすぎてドキドキが止まらない・心臓バクバク」のイメージ／be thrilled to ～「～して大興奮する」／ぜひこういった意味のthrillをマスターしてください（別にメッシは怖くないですよね）。

• be thrilled at the good news

よい知らせに大喜びする

be thrilled at ～「～に大興奮する」

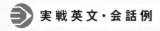

まずは、割と日本語のイメージに近い意味から。「怖い」と「超楽しい」が
混ざった感じのthrillingです。

A: Did you try bungee jumping?

B: Yeah. It was thrilling!

A：バンジージャンプはやった？

B：うん。スリリングだったよ！

Kindergarten teacher A:　Did the children get to meet Stephen Curry?

Kindergarten teacher B:　They did. They were thrilled to meet him!

語句 kindergarten：幼稚園／get to〜：〜する機会を得る

幼稚園教諭A：子どもたちはスティフン・カリーに会えましたか？

幼稚園教諭B：ええ。彼に会えて大興奮でしたよ！

＋ ＋αの発展事項

thrill を正しく使うこと自体がもはや発展事項なのですが、その基本の意味さえマスターしてしまえば、もはや他に難しいことはありません。強いて発展事項を挙げるとすれば、名詞の thrill を使った表現くらいです（名詞であっても thrill 自体のイメージは同じ）。

the thrill of the chase
好きな人にアプローチするときのドキドキ

※ the thrill of the chase は、文字通りには「狩りで獲物を追いかける（chase）ときのドキドキのスリリングさ」を表します（ちなみに chase の代わりに hunt「ハンティング」もアリ）。好きな人と付き合おうとするときに感じられるドキドキを表すときにも使えます。

delight [dɪláɪt]

♪015

[辞書的な訳語] 喜ばせる

一般的な訳語「喜ばせる」で問題ありません。ただ、せっかくの機会なので delightに含まれる「パッと明るい」イメージも頭に入れておきましょう。

🌱 イメージ喚起

「わあ、嬉しい！」と喜ばせるイメージです。delightという単語の中には lightがあるので、「顔にパッとライトを照らす」イメージを持つといいで しょう。

余談ですが、トルコのお菓子でTurkish delightというものがあります （Turkish「トルコの」）。そのお菓子をあえて言葉で説明すると「カラフルな羊 羹」という感じですが、ぜひ "Turkish delight" で画像検 索をしてみてください。「そ れを見たときの子どものパッ と喜んだ顔」が想像できるか もしれません。

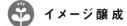 イメージ醸成

• delight all the children

子どもたちみんなを喜ばせる

> 子どもたちの顔がパッと明るくなるところをイメージしてください。

• be delighted with the presents

プレゼントに大喜びする

> be delighted with 〜「〜に大喜びする・大満足である」(直訳「〜を使って(with)喜ばせられる」)

• I'd be delighted to.

喜んで。

> I'd(=I would) be delighted to. は、何かを頼まれたり、誘われたりしたときの返事で「喜んで(そうします)」という意味(このtoは不定詞で「前の動作を受ける」役割)

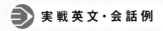
The show delighted all the children.

そのショーは子どもたちみんなを喜ばせた。

★受動態も可能です（The children were delighted by the show.）。

....

A: How was your daughter's birthday party?

B: She seemed to enjoy it. She was delighted with all the presents she got.

A：娘さんの誕生日パーティーはどうだった？

B：楽しそうだったよ。もらったプレゼントに大喜びしてた。

....

A: Could you write me a letter of recommendation?

B: I'd be delighted to.

語句 recommendation：推薦

A：推薦状を書いていただけますか？

B：いいですよ。

★学生が大学教授に頼むような場面

delightの場合、-ingのdelightingは使われず、代用的な形容詞として
delightfulを使います。あくまで「-ingの代用」なので、「楽しくさせる（よ
うな）」だと考えればOKです。もし、I'm delightful. なんて言ってしまうと、
「俺って（周りを）明るくさせるような存在だよ」という、すごく自信満々に
響いてしまいます。

I had a delightful time.

　とても素敵な時間を過ごしました。

delightful は「楽しい」といっても、「はしゃぐ」ようなものではなく、「心
が穏やかに満足する」イメージです。

　※デートの最後に、「今日は素敵なひとときでした（また誘ってね）」という意味で使わ
れたのを映画で見たことがあります。

[同僚との会話]

A:　How was your weekend, Arata?

B:　Well, I spent a delightful afternoon in the park.

　　A：週末はどうだった、アラタ？
　　B：えっと、公園で素敵な午後のひとときを過ごしたよ。

安 心・満 足 系 の 動 詞

QUIZ

Chapter2で扱う動詞は次の5つです。
超訳イメージに該当すると思う英単語を
線でつないでみてください。

「100%のフレッシュな状態に戻す」　　please

「心のゲージを満たして、これでOK!と
いう気持ちにさせる」　　satisfy

「スーッと喜ばせる」　　relieve

「あれこれしながらワクワクさせる・
楽しませる」　　entertain

「モヤモヤを取り除いて、ホッとさせる」　　refresh

please [plíːz]

♪019

[辞書的な訳語] 喜ばせる

pleaseは命令文にくっつける役割があまりにも有名です。
ですが、まずは「そもそも動詞の用法がある」という事実をしっかり押さえておきましょう。

🌱 イメージ喚起

pleaseは本来「なめらかにする」という意味なんです。そこから「人間関係をなめらかにする」→「喜ばせる・満足させる」となりました。
ちなみに「命令文にくっつける用法」は「命令を"なめらかにする"役割」というだけです。

pleaseに関しては辞書的な訳語「喜ばせる」で十分ですが、本来の「なめらかにする」という意味や、動詞で使われるとき（-ingや-edではなく）は「目上の人を喜ばせる」という文脈で使われることが多いことを踏まえて、「相手の懐にスーッと入る」ようなイメージを考えて、超訳では「スーッと喜ばせる」としました。

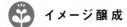 イメージ醸成

- **please everyone**

  すべての人を喜ばせる（満足させる）

- **be pleased with her work**

  彼女の仕事に満足している

  be pleased with ～「～で喜ばせられる・満足させられる」
  →「喜ぶ・満足する」となります。

- **I'm pleased to meet you.**

  お会いできて嬉しいです。

  初対面で使われる決まり文句

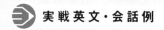 **実戦英文・会話例** ♪020〜022

It is impossible to please everyone.

　万人を満足させるのは不可能だよ。

I want to please my boss. 　語句 boss：上司

　上司を喜ばせたいんです。

　★ "Good job!" と言われるために頑張るイメージ

[管理職同士でとある新入社員のサクラについて話している]

A: How's Sakura doing?

B: She's doing a great job. I'm pleased with her work.

　A：サクラの調子はどう？

　B：よくやってくれているよ。彼女の仕事ぶりには満足しているよ。

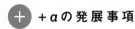 **+αの発展事項**

pleasingという形はそこまで使われるものではありませんので、気にしなくて大丈夫ですが、一応触れておきます。

The applicant had a pleasing appearance.

その応募者は、見た目の感じが良かった。

a pleasing appearanceは直訳「人を喜ばせるような外見」から少しトーンダウンして「外見の感じが良いこと」を表します。求人の話で「会社の受付業務」などで使われる表現です。まさに「人の心にスーッと入り、なめらかな気持ちにさせる」イメージです。

実際には、代用形容詞pleasantのほうが圧倒的によく使われます。

....

A: I want to live in Finland someday.

B: Why?

A: Well, I just thought it would be a pleasant place to live in.

語句 someday：いつか

A：いつかフィンランドに住みたいんだ。
B：どうして？
A：まあ、ただ住み心地の良い場所なんだろうなって思っただけだよ。

satisfy [sǽtəsfàɪ]

♪023

[**辞書的な訳語**] **満足させる**

「満足させる」という辞書的な訳語でも十分なのですが、発展事項として、「心理以外で満たすこと」にも使われることもチェックしておきましょう。

🌱 イメージ喚起

　たとえるなら「空っぽの心のゲージを徐々に満たしていく感じ」で、ガソリン満タンになって、「よっしゃ、これでOK!」という気持ちにさせるイメージです。

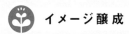 イメージ醸成

- ## satisfy the customer

お客を満足させる

- ## be satisfied with the result

結果に満足している

be satisfied with ～「～に満足させられている」→「～に満足している」

- ## be satisfied with the restaurant's delivery service

レストランの配達サービスに満足している

- ## satisfy the needs / satisfy the requirements

ニーズを満たす／要求を満たす

「感情」ではないのですが、「空っぽの心のゲージを徐々に満たす」イメージがここでも活きてくる例として、こんな言い方もできます。
※ちなみに、この場合はsatisfy=meetで、TOEICテストでは言い換えの問題で出るほど重要です。

A: Miu! I heard you won second place. Congratulations!

B: Thanks.

A: You said you were going for first place, though. Are you a bit disappointed?

B: Not really. I'm satisfied with the result.

語句 win second place：準優勝する・2位になる
go for 〜：〜を目指す・〜しようとする
disappoint：がっかりさせる (p.140)

A：ミウ！準優勝したって聞いたよ、おめでとう！

B：ありがとう。

A：でも、優勝を目指しているって言ってたもんね。ちょっと落ち込んでいるのかな？

B：そうでもないよ。結果には満足しているわ。

[同僚との会話]

A: People say it's important to satisfy the needs of the customers, but what are their needs?

B: Yeah, finding out their needs is the most difficult part of coming up with a new product.

語句 come up with 〜：〜を考案する

A：顧客のニーズを満たすことが重要って言うけどさ、顧客のニーズって何なんだろう？

B：そうだね、顧客のニーズを見つけることが新製品を考える上で一番難しいことなんだ。

satisfying「心を満たすような」はそこまで頻繁に使われないので発展事項としておきます。

Dad:　　　What are you doing, Mitsuki?
Daughter: Popping bubble wrap. I don't know why, but it's so
　　　　　satisfying.

語句 pop：破裂させる・爆発させる

bubble wrap：プチプチ・気泡緩衝材

父：ミツキ、何してるんだ？
娘：（梱包材の）プチプチをつぶしてるの。なんでかわからない
　　けど、これって気持ち良くない？

※ここでは「（梱包材の）プチプチを手にしたときに湧き上がる気持ちを満たしていく」ことを表します。

satisfying よりもよく見かけるのが satisfactory という形容詞です。まず大雑把に「satisfactory は（satisfyingの）代用形容詞」と考えてください。satisfactory が satisfy の「形容詞」だと認識できれば十分で、それで困ることはありません（冗談みたいな話ですが、satisfactory だからって「工場」のように名詞だと勘違いする人も多いので）。

※ここから先は超上級レベルの話になるので、流してOKです。

一応違いに触れると、satisfying よりも satisfactory は少し満足度が下がって「まあ合格、不満はない」という感じです。

※satisfying に本来のポジティブな意味を取られてしまったので、残った satisfactory はスネて少しテンションが下がったとでも考えてください。

satisfy を「食欲を満たす」という観点から考えてみた場合、たとえるなら、a satisfying meal「お腹がいっぱいになる食事」は大盛りのイメージです。一方、a satisfactory meal「まずまずの食事」は普通盛りのイメージです。

perform satisfactory work

語句 perform：果たす・行う

まずまずの仕事をする

※「優・良」ではなく、「可」という感じです。

[新しい部下の話]

A: How's the new game planner?

B: Well, he performs satisfactory work, but…

A: What's wrong?

B: I just wish he'd say his opinion more at meetings.

語句 I wish s would 原形：sが〜してくれたらなあ

opinion：意見

　　A：新しいゲームプランナーさんはどう？

　　B：うーん、まずまずの仕事はしてくれているけど…。

　　A：どうしたの？

　　B：ただ、ミーティングではもっと自分の意見を言ってほしいなっ
　　　　て。

モヤモヤを取り除いて、ホッとさせる

relieve [rɪlíːv]

♪026

[辞書的な訳語]　安心させる

難しい単語なので、単語自体が知られていないことも多いのですが、知っているという方も、「取り除く」か「安心させる」のどちらかだけの意味で覚えている場合が多いです。

🌱 イメージ喚起

relieveと一見関係ないように見えるrob「奪う」という動詞があります。robはrob 人 of 物「人から物を奪う」という形をとります。

実はrelieveは本来「取り除く」という意味で、意味が似ているだけでなく、形までもrobと同じなのです。relieve 人 of 物「人から物(不安)を奪う」の形をとり、「人から不安を奪う・取り除く」→「楽にする・安心させる」となりました。

※必ずしも「意味が似ているから同じ形をとる」わけではありませんので誤解のないように。ただ、robとrelieveのような場合はセットで覚えるのが効果的です。

不安が取り除かれて、「よかったぁ」とホッとした気持ちにさせる、やわらげる、といった癒しが感じられる単語です。
※relieve本来の意味は「取り除く」なので、多くの辞書ではその意味が最初に載っています。

イメージ醸成

• relieve the pain

その痛みを和らげる

語句 pain：痛み

まずは「取り除く」の意味をチェックしましょう。ちなみに、pain relieverは「痛み止め・鎮痛剤」です。

• be relieved to hear that my family is safe

家族が無事だと聞いて安心する

be relieved「安心させられる」→「安心した」／be relievedの後にtoやthatが続いた形(be relieved to 〜／be relieved that 〜「〜して安心する」)でよく使われます。

• feel relieved that 〜

〜なのでホッとする

be relieved「安心した」が、feel relieved「安心した(と感じる)」になっただけです。

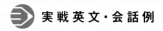

The medicine relieves the pain.

その薬は痛みを和らげてくれるよ。

· ·

I feel relieved that I don't have to give a speech after all.

結局スピーチしなくてもよくなって、ホッとしてるよ。

★ 「スピーチしなきゃ」というモヤモヤがなくなって「よかったぁ」という気持ちです。

relieveの名詞形はrelief「除去・安心」です。このreliefを使った決まり文句に、That's a relief!「（それを聞いて）安心した・ホッとした」、What a relief!「よかった！」があります。

A: Daiki was in an accident.

B: Oh, no!

A: But he wasn't hurt.

B: That's a relief!

語句 accident：事故／be hurt：ケガをした（p.186）

A：ダイキが事故に遭ったんだ。

B：そんな！

A：でも、ケガはなかったんだよ。

B：それはよかった（安心したよ）！

entertain [èntərtéin]

♪029

[辞書的な訳語] 楽しませる

「エンターテインメント・エンターテイナー」といった単語のおかげで、「楽しむ」系の意味だということは浸透していますが、「感情動詞としての使い方」は知られていません。

ちなみに「エンターテインメント（entertainment）」は「人を楽しませる娯楽」のことです。「家の中に入れる（enter）」→「招待する・もてなす」です。また、エンターテイナー（entertainer）は「人を楽しませる人」です。

🌱 イメージ喚起

「エンターテインメント・エンターテイナー」の印象はあくまで1つの例にすぎず、遊園地や芸人の意味に縛られないようにしてください。日常のちょっとしたことにも entertain を使うことができます。

　ここまでに学んだ単語を使って entertain を説明すると、「entertain は amuse であり interest であり please と言える」のです（実際に英英辞典を引けば、そういった単語を使って entertain を説明しています）。

　何かしらの手段を使って「ワクワクさせる・楽しませる」イメージを持つといいでしょう。

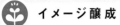 **イメージ醸成**

• entertain the audience

観客を楽しませる

語句 audience：観客

• entertain guests

お客をもてなす

• entertain clients

クライアント（取引先）を接待する

• keep the audience entertained

客を退屈させない

keep 人 entertainedで「人を（ずっと）退屈させない」です。
keep OC「OがCのままにする」という形で、直訳は「人がもてな
された状態をキープする」です。「退屈しないようあれこれ工夫す
る」様子が浮かぶ表現です。
※entertainは、他の感情動詞ほど頻繁には-ing・-edで使わ
れません。

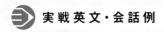

The dancers entertained the audience by showing their amazing physical skills.

語句 physical：身体的な

ダンサーたちは素晴らしい身体能力を披露し、観客を楽しませました。

★ amazing「驚くべき」については100ページ

A: That was a great movie!

B: Mm-hmm. The movie director is really good at keeping the audience entertained.

A: I know, right? I didn't feel sleepy at all.

B: Do you usually feel sleepy when you're watching a movie?

A: To be honest, yes.

語句 director：監督／to be honest：正直に言うと

A：すごくいい映画だったね！

B：うんうん。監督は観客を退屈させないのが本当に上手いね。

A：そうだよね。全然眠くならなかったよ。

B：普段は映画を観ているときに眠くなるの？

A：正直に言うと、なるね。

refresh [rɪfréʃ]

♪032

[辞書的な訳語] 気分を爽やかにさせる・元気づける

「気分をリフレッシュする」のイメージで基本的な意味は〇Kですが、ここで
「感情動詞としての使い方」と「感情以外にも使える」ことまでマスターして
おきましょう。

🌱 イメージ喚起

　文字通りには「元の (re) フレッシュな状態にする (fresh)」です。ただ、
fresh は「本来の状態・できたての状態」を指します。日本語訳としては「スッ
キリさせる・蘇らせる」などもアリです。

　ちなみに日本でも「リフレッシュ休暇」という制度を設ける会社が増え
てきました。「休暇後に生き
返ったようにフルパワーに
戻る」イメージです。「ゲー
ムのHP(ヒットポイント)を
100%の状態に戻す」イメー
ジでもいいでしょう。

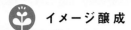 **イメージ醸成**

• feel refreshed after taking a shower

シャワーを浴びた後、爽やかな気持ちになる

be refreshed「気分を爽やかにさせられる」→「気分が爽やかになる」の形から、beがfeelになったパターン（強いてfeelを意識して訳すと「気分が爽やかになったと感じる」）

• a refreshing opinion

新鮮な意見

似たような意見が続いて停滞した雰囲気のときに、良いアイディアが出たときなどに使われます。

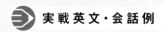 実戦英文・会話例 ♪033〜034

[残業した翌日の会話]

A: I was so tired last night.

B: Same here. But I felt refreshed after taking a shower.

語句 Same here. : こちらも同じで・まったく同感で

　A：昨晩は本当に疲れたよ。

　B：同じく。でも、シャワーを浴びたらすっきりしたよ。

[水を差し出したときの会話]

A: Here you go.

B: Thanks. Ah, I feel refreshed!

　A：どうぞ。

　B：ありがとう。ああ、生き返った〜！

refresh は感情以外の意味が完全に見落とされているので、ここでチェックしておきましょう。「100％のフレッシュな状態に戻す」というイメージから、「新たにする」という意味があります。

たとえば、refresh a webpage なら「ウェブページを（ブラウザーで）再読み込みする」という意味です。

インターネットブラウザーの「再読み込み」するための矢印が丸くなったマーク **C** を押すことです。まさに「元の状態に戻す」感覚ですね。

A: What's wrong, Mio?

B: The computer suddenly froze when I tried to refresh the page.

> **語句** suddenly：突然／freeze：動かなくなる・フリーズする

A：どうしたの、ミオ？

B：ページを再読み込みしようとしたら、突然コンピューターが
　 固まっちゃったの。

---

refreshment 名 （複数形 refreshments で）軽食

名詞 refreshment「軽食（飲み物含む）」は TOEIC テストで頻繁に出てきます（セミナーの案内などで「軽食付き」といった告知文で使われます）。

ロールプレイングゲームでいうところの「（薬草などの）回復アイテム」のイメージで、セミナーで疲れたところに「パワーをフルの状態に戻す」ニュアンスが含まれた単語です。

Light refreshments will be served. 　軽食が出ます。

感 動 ・ 印 象 系 の 動 詞

QUIZ

Chapter3で扱う動詞は次の4つです。
超訳イメージに該当すると思う英単語を
線でつないでみてください。

「バシッと心を打つ」 　　　　　 move

「"すげえ!"と思わせる」 　　　　 touch

「感動でプルプルさせる」 　　　　 impress

「琴線に触れる」 　　　　　　　 strike

move [mú:v]

♪035

[辞書的な訳語] 感動させる

moveは「動く・動かす」という意味では常識であるものの、感情の意味は（よく使う割に）知られていません。

🌱 イメージ喚起

move は「動かす」→「心を動かす」→「感動させる」と考えれば簡単です。「感動」にもいくつかの種類があるわけですが、moveの場合は、特に「超泣ける」といった感情を生み出すときに使われるので、超訳イメージでは「感動でプルプルさせる」としました（「プルプルと心を"動かす"」わけです）。これは「ちょっと涙ぐむ」感じです（必ずしも泣くわけではありませんがイメージとして）。

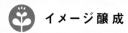 **イメージ醸成**

- ## move to a larger apartment

  より広い（アパートの）部屋へ引っ越す

  まずは本来の「動く・動かす」の確認です。特に、move to 〜
  「〜へ動く」→「〜へ引っ越す」の形で日常会話でよく使われま
  す。

- ## move the audience

  観客を感動させる

- ## be moved by her sad story

  彼女の切ない話に感動する

- ## be moved to tears

  感動して泣く

- ## a moving performance

  感動的なパフォーマンス

  直訳は「感動させるような演技・演奏」

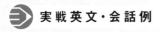
［劇の後、スタッフの会話］

A: The audience didn't seem to enjoy the play.

B: Even the climax didn't move them!

語句 play：劇／climax：クライマックス・ヤマ場

　A：観客は劇を楽しんでいるようには見えなかったなぁ。

　B：クライマックスでさえ感動してなかったよ！

The audience was moved to tears by the speaker's sad story.

　聴衆は、話し手の悲しい話に涙ぐんだ［感動の涙を流した］。

　★ be moved to tears と be moved by 〜 が一緒に使われた形です。

琴線に触れる

超訳イメージ

touch [tʌtʃ]

♪038

[辞書的な訳語] 感動させる

> move同様に元の意味はあまりに有名ですが、「感情」の意味はまったくと
> 言っていいほど知られていません。

 イメージ喚起

touchの「触れる」という意味は常識ですが、感情面での「心に触れる」
→「感動させる」という意味をマスターしておきましょう。日本語でも、
心の奥に響くほど感動したときに「琴線に触れる」と言いますが、それと
関連付けるのもいいでしょう。

※それにしても「琴の糸に触れたときに響く音」とは、とても美しい表現だと思い
ます。

余談ですが、かつて慶応大学の入試問題で「感動させる」という意味の
moveに下線が引かれ、同じ意味としてtouchを選ぶ問題が出たことがあ
ります。2つの厳密な違いには後ほど触れますが、まずはこのtouch自体
の意味をマスターしてください（少なくとも慶応の入試ではそれで正解となるわ
けです）。

- **Touch the start button on the screen.**

  スクリーンのスタートボタンに触れてください。

  一応、「触れる」の意味の文を確認しておきましょう。

- **a story that touches people around the world**

  世界中の人々を感動させる物語

  thatは関係代名詞で、直前のstoryを説明しています。

- **a touching photograph**

  感動的な写真

  直訳は「感動させるような写真」

- **be touched by his story**

  彼の話に感動する

  直訳は「彼の話によって感動させられる」

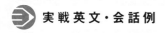

Interviewer:　What kind of stories would you like to write in the future?

Writer:　　　Well, I want to write a story that touches people around the world.

インタビュアー：今後、どのような物語を書いてみたいですか？

作家：世界中の人々に感動を与えるような物語を書きたいですね。

....

A: Look, Manami. It's a touching photograph of a mother finding her lost child.

B: Aw, the mom looks so relieved!

　　　　　語句 lost：迷子の・はぐれた・行方不明の／relieve：安心させる (p.49)

　A：見て、マナミ。はぐれた子どもを見つけたお母さんの感動的な写真だよ。

　B：わあ、お母さん、とてもほっとした顔をしているね！

....

Interviewer:　Why did you decide to start volunteering?

Volunteer:　　Well, I read a book about the lives of 20 different people, and I was touched by the heartbreaking story of a young homeless man.

　　　　　語句 heartbreaking：悲痛な・胸が張り裂けるような
　　　　　　　　homeless：ホームレスの

インタビュアー：どうしてボランティア活動を始めることにしたのですか？

ボランティア：ええと、20人の様々な人生を描いた本を読んで、若いホーム
　　　　　　　レス男性の悲痛な物語に心を打たれたんです。

....

Yuina was touched that George remembered her birthday.

　ユイナはジョージが誕生日を覚えてくれていたことに感動した。

➕ ＋αの発展事項

move も touch も「感動させる」という意味を知っていればもはや上級者で、会話で困ることもありません。あくまで move と touch は（-ing・-ed の場合も）かなり似ているという前提で、一応違いに触れると、move は「すごい！」というニュアンスで大きな出来事に使われます。

一方、touch はもう少し落ち着いて「ジーンとする・心が温まる」イメージで、日常的・些細なことに使われる傾向があります。日常の行動に対して「優しい！／ありがたい！」といった程度でも使われます。

実際、move には be moved to tears「泣くほど感動する／感動して涙する」という表現がありますが、×) be touched to tears とは言いません。
ちなみに、move も touch も本来の（物理的な）意味で考えれば、move「動かす」のほうが、touch「触る」よりも強いですよね。

“すげえ!”と思わせる

超訳イメージ

impress [ɪmprés]

♪043

[辞書的な訳語] 印象を与える・感動を与える

impression「印象」から、「印象を与える」という意味ばかりが広まっていますが、「感銘を与える」にも使える、実は便利な単語なんです。

🌱 イメージ喚起

「心の中に（im=in）印象をプレスして押しつける（press）」→「印象を与える」となります。ただし、この意味では終わらず、その印象は良い方向へ向かっていきます。「印象を与える」→「良い印象を与える・印象付ける」→「感銘を与える・感心させる」となります。最後の意味は辞書では「感動させる」とありますが、（決して「涙を流すような感動」ではなく）「すげえ！」と思わせるような感動に使われます。

イメージ醸成

• impress the judges

審査員をうならせる

> まさに「審査員に"すげえ!"と思わせる」ということです。

• be impressed by her speech

彼女のスピーチに感銘を受ける

> be impressed by 〜「〜によって良い印象を与えられる・感銘を与えられる」→「感銘を受ける」

• be impressed with your résumé

あなたの履歴書に感心している

語句 résumé：履歴書

> 採用担当者の言葉／be impressed with 〜「〜で感銘を与えられる」→「〜に感銘を受ける」（byとwithの使い分けは気にしなくて大丈夫です）

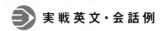 **実戦英文・会話例** ♪044〜046

[リビングでの会話]

A: Are you watching figure skating?

B: Yeah. My favorite skater is going to perform next. I'm sure he'll impress the judges with his flawless performance.

語句 perform：演じる・行う／judge：審査員
flawless：欠点のない・完璧な

A：フィギュアスケートを見てるの？

B：うん。私の好きなスケート選手の出番が次なの。ミスのない演技で審査員をうならせてくれると思うわ。

I was impressed by her speech.

私は彼女のスピーチに感銘を受けた。

A: Priscilla. Can I ask you something?

B: Go ahead.

A: Why did you decide to hire me?

B: Well, I was impressed with your résumé.

語句 Go ahead.：どうぞ。／hire：雇う

A：プリシラさん、ちょっと聞いてもいいですか？

B：どうぞ。

A：どうして私を雇おうと決めてくださったんですか？

B：ええと、あなたの履歴書に感心したんです。

-ing である impressing の代わりに実際に使われるのが impressive です。

Your essay on *Hamlet* was very impressive!

語句 essay：小論文・作文・エッセイ

『ハムレット』についての小論文、とても素晴らしかったですよ！

··

That was an impressive performance!

語句 performance：演技

あれは見事な演技でした！

··

日本語の「感動する」にはいくつかのニュアンスがあります。以下のように単語を使い分けられます。

「感動する」の詳細

> ① 「（すごいと思うような）感動する」→ be impressed
> ② 「（心を動かされる・涙を流すほど）感動する」→ be moved
> ③ 「（優しい行動などに対して）感動する」→ be touched
> ※ move は「心を動かす」なので「強く感動する」ですが、touch は「心に触れる」だけなので move より落ち着いて「心が温まる・ありがたいと思う」感じ。

I was moved by his story of how he and his sister survived on the mountain for 4 days until they were rescued.
私は、彼と彼の妹が救助されるまで、4日間、山でどのようにして生き延びたのかという彼の話に感動した。
語句 survive：生き延びる／rescue：救助する

　「生きててよかった」という涙が出るような感動なので move を使っていますが、これがもし「生き延びた方法がすごい！」と思う場合は impress を使います。

strike [stráɪk]

♪047

[辞書的な訳語] 印象を与える

strikeはそもそも「打つ」という意味で、どうしても感情の意味がスルーされがちです。ちなみに野球の「ストライク」は、本来「（良いコースなんだから）打て」という意味からきたという説があります。

※「打つ」の意味では、strike the nail with a hammer「ハンマーで釘を打つ」のように使われます。

🌱 イメージ喚起

strike は「打つ」→「心を打つ」→「印象を与える」となります。ただ「印象を与える」という訳語は辞書でも使われるので、もちろん間違いではないのですが、かなり平坦な印象ですよね（パワーが感じられないというか）。このフラットな感じの「印象を与える」という意味の他に、「打つ」という強さから「強い印象を与える」ときにも使われます。

※ strike-struck-struck・stricken という変化です。過去分詞形は struck（ストラック）・stricken（ストリクン）の2つの形があります。

イメージ醸成

● strike me as weird

（私の印象として）なんか変だと思う

> strike A as B「AにBという印象を与える」／直訳「私に奇妙な
> ものだという印象を与える」／weird「奇妙な」（試験では出て
> きませんが、日常会話・映画では頻繁に使われる単語で、発音は
> 「ウィァード」という感じ）

● be struck by her beauty

彼女の美しさに心を打たれる

> struckはstrickenという形でも可

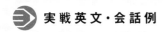
Her explanation strikes me as weird.

　彼女の説明は、なんか変だと思うなあ。

....

A: Why does Hiroto like that singer so much?

B: Apparently, he was stricken by her beauty.

A: Not by her voice?　　　　語句 apparently：どうやら・聞くところによると

　A：ヒロトはどうしてあんなにその歌手が好きなの？

　B：どうやら、彼女の美しさに心を打たれたみたいだよ。

　A：声じゃなくて？

ちょっと補足

strike　核心「打つ」

① 「撃つ」

② 「襲う」　　　　※「（災害が、ある地域を）打つ」

③ 「印象を与える」　※「バシッと心を打つ」イメージ

④ 「（頭に）浮かぶ」　※「頭脳を打つ」

Chapter

4

魅了系の動詞

QUIZ

Chapter4で扱う動詞は次の5つです。
超訳イメージに該当すると思う英単語を
線でつないでみてください。

attract

「気持ちを吸い込み無我夢中にさせる」

fascinate

「小悪魔的に魅了する」

enchant

「魔法にかけたかのように虜にする」
　　　　該当する英単語は2つあります。

charm

「ビッと興味を引く」

absorb

attract [ətrǽkt]

♪050

[辞書的な訳語] 引きつける・魅惑する

> 形容詞のattractive「魅力的な」が有名で、その動詞がこのattractです。attractの意味を正確に知ることで、すでに知っていたattractiveのイメージもより明確なものになるはずです。

イメージ喚起

attractは「〜に向けて（at）引っ張る（tract）」→「興味を引く」です。「人の心をビッと引きつける」イメージです。ちなみに前置詞atは「一点」をめがけて進むのが核となり、look at 〜「〜に目を向ける」などで使われます。atの意味を意識することで、日本語訳だけでは見えてこない「ビッと引きつける力強さ」を意識できれば理想的です。また、tractはtractor「トラクター（農作業で引っ張る機械）」で使われています。

形容詞attractiveも単に「魅力的な」という訳語で覚えるだけではなく、この「引きつける」強さを意識してみてください。

ちなみに「観光名所」をtourist attractionといいます。「旅行者を引きつける（魅力的な）場所」ということです（名詞attractionは「魅力・

78

呼び物・（観光の）名所」）。

※遊園地の「アトラクション」も「客を引き寄せる物」という意味で使われています。

 イメージ醸成

● attract many tourists to the city

たくさんの観光客をその都市に呼び寄せる

attract本来の「引きつける」という意味です。

● be attracted to the idea of working from home

在宅勤務という考えに魅力を感じる

語句 work from home：在宅勤務をする

be attracted to 〜「〜に興味を引きつけられる」→「〜に魅力
を感じる」です。

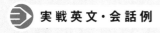
A: Did you find a new job yet?

B: Not yet. But I want to apply to ABC. I'm attracted to the idea of working from home.

語句 apply to 〜：〜に応募する

A：新しい仕事はもう見つかった？

B：まだなんだ。でも、ABC に応募したいと思ってるよ。在宅勤務という考えに魅力を感じているんだ。

....

Are you attracted to him?

彼に惹かれてるの？

attract は「引きつける」ですが、その対象は「人」に限らず、attract people's attention「人の目を引く」のようにも使われます（この場合は attention「注意」を引くわけです）。また、以下のように、単に「引く」だけで、プラスの意味とは限らないこともあります。

Loud voices from the apartment next door attracted our attention.　語句 loud：大きな／next door：隣の

隣のアパートから大きな声がして、私たちの注意を引いた。

★「興味」ではなく、「注目・意識」を引くという意味です。

....

また、形容詞 attractive は、attracting のようなイメージで使います。つまり「(人を) 引きつけるような」→「魅力的な」ということです。

It was an attractive offer, but unfortunately, I was too busy to accept it.　語句 unfortunately：残念ながら
accept：引き受ける

それは魅力的なオファーだったが、残念ながら私は忙しすぎて引き受けられなかった。

fascinate [fǽsənèɪt]

♪053

[辞書的な訳語] 魅了する

> 上級レベルの単語なのであまり知られていませんが、「心惹かれている」と言いたいときに使ってほしい単語です。

🌱 イメージ喚起

　本来「魔法にかける」という意味です。おとぎ話や神話でも「魔法にかけて好きにさせる」、つまり「相手を魅了する」場面がありますが、その感じで「不思議な雰囲気」を醸し出しながら、「すごい！」とか「へぇぇ！」と思わせて、相手を「魅了する・虜にする」イメージです。

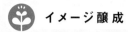 イメージ醸成

- ## fascinate the children

子どもたちを魅了する

- ## be fascinated by the orchestra's performance

オーケストラの演奏に魅了される

語句 orchestra：オーケストラ

- ## a fascinating jewel

とても魅力的な宝石

fascinatingは「（人を虜にするほど）魅力的な」という意味です。

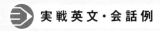

He fascinated the children with his magic tricks.

語句 magic trick：手品

彼は子どもたちを手品で魅了した。

....

Interviewer:　Why did you start playing the violin?

Violinist:　　Well, when I was 12, I listened to an orchestra's performance on TV. I was so fascinated by the performance that I decided to learn the violin.

語句 performance：演奏

インタビュアー：どうしてバイオリンを始めたのですか？

バイオリニスト：ええと、12歳のときにテレビでオーケストラの演奏を聞いたんです。その演奏にとても魅了されて、バイオリンを習うことにしたんです。

★最後の文は so 〜 that ...「とても〜なので…だ」の形です。

....

That's a fascinating idea!

それ、すごく良い考えだね！

魔法にかけたかのように虜にする

enchant [ɪntʃǽnt]

♪057

[辞書的な訳語]　魅了する

fascinateと同じ意味ですが、fascinate同様に、あまり知られていません。ただ、映画や小説ではキーワードとして使われることもあるほど大事な単語です。

🌱 イメージ喚起

　本来は「心の中に（en=in）向けて、呪文（chant）をとなえる」→「（呪文・魔法で）魅了する」という意味です。chantは「歌・呪文」で、「チャ」という響きからペチャクチャとよくわからない呪文を想像してみてください。

　実際、ファンタジー小説を読むと、人に魔法をかける場面でenchantという単語が使われます。魔法をかけられた人は自分の意思とは関係なくコントロールされてしまうのです。

※*Harry Potter*『ハリーポッター』にもenchantは頻出しますし、映画『魔法にかけられて』の原題は*Enchanted*です。

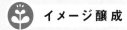 **イメージ醸成**

- **enchant the audience**

観衆をうっとりさせる

- **an enchanting smile**

魅了するほどの笑顔

- **be enchanted with electric cars**

電気自動車に魅了される

語句 electric car：電気自動車

withは「関連（～について）」の意味／「夢中である」ということ。

- **an enchanted forest**

魔法にかけられた森

感情表現ではないのですが、こんな言い方もあります。本来の意味で使われているわけです。

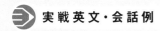
The dancers enchanted the audience with their graceful movements. 語句 graceful : 優雅な

ダンサーたちの優雅な動きに観衆はうっとりした。

A: Do you know the author Hans Christian Andersen?
B: Yes. His stories have enchanted me since I was a child.
A: I know how you feel. What's your favorite?
B: *The Little Mermaid*. 語句 author : 作家・著者

A：ハンス・クリスチャン・アンデルセンという作家をご存知ですか？
B：はい。子どもの頃から彼の物語に魅了されてきました。
A：お気持ち、わかります。一番好きな物語は何ですか？
B：『人魚姫』です。

Stella has an enchanting voice.

ステラは魅力的な声の持ち主だ。

He's enchanted with electric cars.

彼は電気自動車に魅了されている。

ちょっと補足

fascinate と enchant の違いまでを知っておく必要はないのですが、あえて触れておくと、fascinate は「すごい！」と思わせる感じ、enchant は「すごい…」と思わせる感じです。

> 小悪魔的に魅了する
>

charm [tʃɑ́ːrm]

♪062

[辞書的な訳語] 魅了する

「チャーミング」という言葉が完全に浸透していますね。「かわいらしい・茶目っ気がある」感じは、それはそれでいいのですが、本来の動詞charmが完全に陰に隠れてしまっています。さらには動詞本来の意味がまったく知られていないというのが現状です。

🌱 イメージ喚起

　charm という動詞は本来「呪文を唱えて魔法で好きにさせる」→「魅了する」です。日本でも女性がバッグにつけるアクセサリーを「チャーム」と呼ぶことがありますが、これは「呪文」→「魔除け・お守り」→「飾り」となったものです（ちなみに lucky charm は「幸運のお守り」）。

　このアクセサリーのイメージも charm を理解するのに一役買ってくれます。charm は「なんて素敵なの！好きっ！」「超かわいい～！」と思わせるイメージもあり、このイメージとバッグにつけるチャームのイメージが似ていると思います。

　以上、charm は「魔法感＋かわいい感」という、言ってみれば「小悪魔的なイメージ」を持つ単語です。

　日本語でも使われる「チャーミング」は、charm が -ing の形になった単語で

すから、本来「人を魅了するほどの・魅力的な」という意味なんです（ちなみに「チャーム・ポイント」という言葉自体は和製英語）。

 イメージ醸成

- **charm the interviewer**

  インタビュアーを魅了する

  オーラ全開の芸能人が、インタビューする人を魅了してしまう感じです。

- **a charming cottage**

  すごく素敵なコテージ

- **a charming necklace**

  すごく素敵なネックレス

- **be charmed by his voice**

  彼の声にうっとりする

  好きな声優の声によって、まさに魔法にかかったような状態になる人もいるでしょう。そんなときのイメージです。

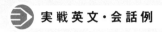

The young actor's delightful smile and gentle demeanor charmed the interviewer.

語句 delightful：愉快な・楽しませる／gentle：穏やかな・優しい
demeanor：振る舞い・物腰

その若手俳優の爽やかな笑顔と穏やかな物腰はインタビュアーを魅了した。

Wife:　　 What a charming necklace!

Husband: Try it on. (woman tries on the necklace)

　　　　 It looks nice on you.　　語句 try on 〜：〜を試着する・〜を着てみる
look nice on 囚：囚に似合う

妻：なんて素敵なネックレスなの！

夫：試着してみなよ。（妻がネックレスを試着する）

　　似合ってるよ。

★ What a charming 〜! は年配の女性が
使う印象があります。

A: Did you watch the anime I recommended?

B: I watched the first 12 episodes.

A: In just two days!? Wow.

B: I was charmed by Ayumu's voice.

語句 recommend：勧める／episode：1回放映分・第○話

　　A：お勧めしたアニメ、見てくれた？

　　B：最初の12話までは見たよ。

　　A：たった2日で!?すごい。

　　B：アユムの声にうっとりしちゃって。

absorb [əbzɔ́ːrb]

♪066

[辞書的な訳語] 夢中にさせる

absorbの意味を知っているという人に意味を聞いてみると、間違いなく「吸収する」と返ってきます。本来はその意味ですが、感情の意味はまったく浸透していません。

 イメージ喚起

確かにabsorbの本来の意味は「吸収する」です。Sponges absorb water well.「スポンジは水をよく吸収する」のように使われます。

この意味から「(人の心を)吸い込む」→「夢中にさせる」となります。このabsorbは、根底にinterest「興味を持たせる」があり、それがさらに度を増して「他のことに意識がいかなくなるほどの"夢中さ"」を表すイメージです。

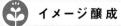 **イメージ醸成**

• absorb carbon dioxide

二酸化炭素を吸収する

語句 carbon dioxide：二酸化炭素

本来の「吸収する」という意味から確認してみましょう。

• be absorbed in one's work

自分の仕事に没頭している

be absorbed「心を吸いとられる」→「夢中になる」です。さらに、心がスッポリとある物の中に吸い込まれてる感覚からinを伴って、be absorbed in 〜「〜に夢中だ」という形になります。

• be absorbed in the book

その本に夢中だ

この意味でのabsorbは、be absorbedの形で使うことが圧倒的に多いので、その形だけチェックすれば十分です。

A: Hello.

B: Hi Sho. It's me, Daiki. Can you tell Nanami to give me back the anatomy book on Sunday?

A: Sure, I'll tell her right away.

B: Thanks.

A: Oh wait. Actually, she's absorbed in her work, so I'll tell her later. 　　語句 anatomy：解剖学／right away：すぐに

　A：もしもし。

　B：やあ、ショウ。ダイキだけど。日曜日に解剖学の本を返してくれるようにナナミに伝えてもらえる？

　A：了解、すぐに伝えるよ。

　B：ありがとう。

　A：あ、ちょっと待って。実は今、彼女が作業に没頭しているから、後で伝えるよ。

I was so absorbed in the book that I completely forgot to call him. 　　語句 completely：完全に・まったく

私はその本に夢中になってしまい、彼に電話するのをすっかり忘れてしまった。

★so 〜 that …「とても〜なので…だ」という形で使われ、be so absorbed in A that …「とてもAに夢中なので…だ」という形になることがよくあります。

absorbとは単語自体が違うのですが、同じ意味でengrossという単語があります。少し難しいので、余裕があればabsorbと一緒に覚えてください（-ing・-edで使うのが普通です）。

an engrossing novel

夢中にさせる小説

be engrossed in one's work

仕事に打ち込んでいる

Rui was so engrossed in his book that he didn't notice that the library was closing until the lights were turned off.

語句 turn off ～：～の電源を切る

ルイは本にとても夢中で、電気が消されるまで図書館が閉館することに気づかなかった。

驚愕系の動詞

QUIZ

Chapter5で扱う動詞は次の4つです。
超訳イメージに該当すると思う英単語を
線でつないでみてください。

「口が開くほど驚かせる」 surprise

「激しく悪い意味でsurprise」 amaze

「はっと驚かせる」 astonish

「すげえ!と感動するほど驚かせる」 shock

surprise [sərpráɪz]

♪069

[辞書的な訳語] 驚かせる

「サプライズ」という言葉があまりにも有名になってしまったことで、「動詞 surprise」の存在が薄くなってしまいました。確かに名詞もあるのですが、英会話では動詞が圧倒的に重要です。

🌱 イメージ喚起

「驚く」ではなく「驚かせる」ということを意識すれば十分です。ちなみに surprise は本来「上から（sur）捕まえる（prise）」で、「上から不意打ちのように人の気持ちを捕まえる」→「（人を）驚かせる」となりました。この流れを知ることで「驚かせる」という意味を覚えるのもアリです。

※ sur「上」の意味は、surface「表面」、survive「より長生きする」などでも使われています。また、フランス語では前置詞 sur（「シュール」と読みます）は「上に」です。surrealism「シュールレアリスム（超現実主義）」で聞き覚えがあるかもしれません。

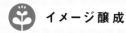 **イメージ醸成**

- **surprise the audience**

  観客を驚かせる

- **surprise my wife by giving her flowers**

  花を贈って妻を驚かせる

  surprise 人 by -ing「〜することで人を驚かせる」の形です。

- **the surprising news**

  衝撃のニュース

  直訳は「人を驚かせるようなニュース」

- **a surprising announcement**

  驚きの告知

- **be surprised by the results**

  結果に驚く

  「〜によって驚かされる」→「〜に驚く」

- **be surprised at her reaction**

  彼女のリアクションに驚く

  「〜に意識が向かって(at)驚かされる」→「〜に驚く」

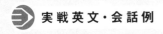
The man surprised his wife by giving her flowers on a totally
normal day.　　　　　　　　　語句 totally：まったく・完全に

男性は、まったく何でもない日に花を贈って妻を驚かせた。

I was surprised by the surprising news.

私はその衝撃のニュースに驚いた。

Daughter: Mom, I won first place in the art contest!
Mom:　　　That's wonderful!
Daughter: I was surprised by the results, though. I mean, I
　　　　　thought Kaede would win first place. She's really
　　　　　good at drawing.

語句 win first place：優勝する・1位になる

娘：お母さん、私、美術コンテストで優勝したの！
母：すごいじゃない！
娘：でも、結果にはびっくりしたんだ。だって、カエデが優勝すると思っ
　　てたから。あの子、絵を描くのが本当に上手なんだもん。

難しいことではないのですが、ここでは「名詞のsurprise」を確認しておきましょう。名詞の場合は「驚かせること・驚くこと・驚き」などいろいろな訳語があります。というのも、名詞には能動「驚かせる」も受動「驚かされる」の区別がないので、そのどちらの意味でも使えるわけです（結局、名詞では困りません。動詞は「驚かせる」だけなのでミスは許されないのです）。

また、名詞surpriseは、To one's surprise, SV「驚いたことに、SVだ」という形でよく使われます。

To my surprise, my boss said yes.

驚いたことに、上司はいいよと言った。

また、a surprise party「サプライズパーティー」といった使い方もあります。日本語でもそのまま使われるので、解説をする必要もないでしょうが、名詞surpriseを他の名詞の前に置いて、まとめて1つの名詞として使う用法です。

We are planning a surprise party for him.

私たちは、彼のためのサプライズパーティーを計画中です。

amaze [əméɪz]

♪073

[辞書的な訳語] 驚かせる

> どうしてもsurpriseの陰に隠れてしまい、そこまで知られていない、まして会話のときに自分で使う人は少なくなってしまうのですが、ネイティブの会話で頻繁に登場する単語です。

🌱 イメージ喚起

amazeはプラスイメージの単語で、「すげえ!」「おお!」と言わせる感じがあります。「感動させる+驚かせる」と考えるといいでしょう。

※ちなみにamazeの中にあるmaze「迷路」から、本来は「あまりにすごくて、かえって迷う・途惑う」です。

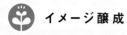 **イメージ醸成**

- **amaze everyone**

  みんなを驚かせる

- **an amazing discovery**

  驚くべき発見

- **an amazing fact**

  驚くべき事実

- **That's amazing!**

  「それはすごい！」

  直訳は「そのこと(That)は驚かせ、感動させるようなことだ」で、会話でよく使われます。

- **be amazed at how many people showed up to the event**

  イベントに集まった人の多さに驚く

  語句 show up：現れる

  直訳は「どれほどたくさんの人がイベントに現れたかに驚く」

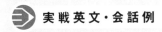
Her rapid progress amazed everyone.

語句 rapid：急速な／progress：上達・進歩

彼女の上達の速さはみんなを驚かせた。

A: After weeks of convincing, my parents finally allowed me to study abroad!

B: That's amazing! I'm sure it'll be a great experience.

語句 convince：納得させる・説得する
finally：ついに・やっと

A：数週間にわたる説得の末、ついに両親が留学を許可してくれたの！

B：よかったじゃん！きっと素晴らしい経験になるよ。

★ That's amazing! は「それはすごい！」の他に、この場合のように「すごいじゃん、よかったじゃん！」という感じでも使われます。

We were amazed at how many people showed up to the event.

私たちはイベントに集まった人の多さに驚いた。

astonish [əstániʃ]

♪077

[辞書的な訳語]　驚かせる

やはりsurpriseの存在が大きすぎてないがしろにされてしまっている単語です。

🌱 イメージ喚起

　前項のamaze は「すげえ！」と良い意味で驚かせるのですが、astonish は「まさか！」「マジか！」と驚かせて、口が開いてしまうイメージです。
　本来「雷がとどろく」という意味です。「アストニッシュ！」という発音が、心の中に雷のような衝撃が走る様子を表している（…と思い込んでみてください）。

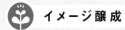 **イメージ醸成**

- **The fact astonished me.**

  その事実に私は驚いた。

  直訳「その事実が私を驚かせた」

- **an astonishing scandal**

  驚くべきスキャンダル

- **be astonished by his attitude**

  彼の態度で驚く

  語句 attitude：態度

  悪い意味で「驚く」に使われるイメージです。

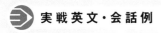

［共通の昔の友だちについて話している］

A: Did you have a fun time talking with Kaito?

B: Yeah. The fact that he was married astonished me.

A: Wait, he's married!?

B: Yeah. He talked about his wife.

A: Wow, I didn't know that. I remember him saying that he didn't want to get married. 　　　語句 get married：結婚する

　A：カイトとの会話は楽しかった？

　B：うん。結婚したって知って驚いたわ。

　A：待って、あいつ結婚したの!?

　B：そうなの。奥さんについて話してくれたわ。

　A：ええ、知らなかった。結婚願望はないって言ってたのを覚えてるんだけどな。

....

We were all astonished that he got accepted to the University of Tokyo. 　　　語句 get accepted to 〜：〜（大学など）に入学を許可される

彼が東大に合格したのには、みんなが驚いた。

★ be astonished that 〜「〜ということに驚く」

shock [ʃáːk]

♪080

[辞書的な訳語] 衝撃を与える

もはや日本語と言っていいくらいおなじみの単語ですね。ただし「ショックな
ニュース」のような使い方で浸透してしまって、動詞の使い方はまったく意識
されていないので、そこに注意が必要です。

🌱 イメージ喚起

　実はshockは「え、うそ!?」とか「そんな！」という感じです。surprise
とは無関係に思われがちですが、surpriseがさらに激しくなったり、悪
い意味で使われたりするのがshockのイメージです（実際、英英辞典では
surpriseを使って説明されるのが普通です）。

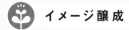 **イメージ醸成**

• The bloody scene shocked the viewers.

その流血シーンは視聴者に衝撃を与えた。

語句 bloody：流血の・血みどろの／scene：シーン・光景
　　 viewer：視聴者

• The shocking news quickly spread on the Internet.

その衝撃的なニュースはすぐにネット上で広まった。

語句 spread：広まる

• be shocked at hearing the news

そのニュースを聞いて衝撃を受ける

be shocked at 〜「〜に衝撃を受ける」／shockとsurpriseが
似ていることを知っていれば、be surprised at 〜「〜に驚く」
同様にatをとることに納得できますよね。

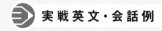
A: Did you hear what Ms. Takahashi's student did?

B: Yeah. She must be shocked that her straight-A student would do such a thing.

　　　　　　　　　　語句 straight-A student：成績がオールAの生徒・優等生

　A：タカハシ先生の生徒が何をしたか聞いた？

　B：ええ。優等生があんなことをするなんて、ショックでしょうね。

★ be shocked that 〜「〜ということに衝撃を受ける」

We were shocked at hearing the news of his sudden death.

　私たちは、彼が突然亡くなったというニュースに衝撃を受けた。

疲労・退屈系の動詞

QUIZ

Chapter6で扱う動詞は次の3つです。
超訳イメージに該当すると思う英単語を
線でつないでみてください。

「『ダル…』と思わせる」　　　　　　　bore

「暇ぁ…と思わせる」　　　　　　　　　tire

「全エネルギーを使い切るほど
疲れさせる」　　　　　　　　　　　　exhaust

bore [bɔ́ːr]

♪083

[辞書的な訳語] 退屈させる

> 「退屈」のイメージは世間にしっかり浸透しています。ただ、boredばかりが出てくるのですが、もちろん動詞boreやboringも使われるので、ここでしっかりチェックしていきましょう。

🌱 イメージ喚起

　世間に浸透している「退屈させる」のイメージで問題ありませんが、あえて付け足すなら「つまんね〜」とか「マジ暇」といった、思わずあくびが出るような退屈感です。「ボォア・・・」という響きも退屈さを醸し出しているような。

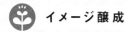 **イメージ醸成**

bore students with a one-hour lecture on evaporation

蒸発作用について1時間講義して学生を退屈させる

語句 lecture：講義／evaporation：蒸発

bore 人 with 〜「〜で（〜を使って）人を退屈させる」

That was such a boring movie.

それはとてもつまらない映画だった。

a boring movieで「つまらない映画」ですが、その前にsuchを置くことで「とてもつまらない映画」となります。

I'm bored. I have nothing to do.

ひま。やることが何もない。

A: That was such a boring movie.

B: I wonder why it's so popular.

A: Maybe we just don't like romance.

B: I do watch romance from time to time, but this movie made me feel sleepy.

語句 romance：ロマンス・恋愛／from time to time：時々

　A：とてもつまらない映画だったね。

　B：なんであんなに人気があるんだろう。

　A：私たちがロマンスものを好きじゃないだけかも。

　B：ロマンスものは時々見るけど、
　　　この映画は眠くなったよ。

A: The graduation ceremony is finally over!

B: I was so bored by the long speeches.

語句 graduation ceremony：卒業式

　A：やっと卒業式が終わったわ！

　B：長いスピーチで本当に退屈しちゃった。

I got bored watching the documentary.

そのドキュメンタリーは見ていて退屈だった。

be bored「退屈している」、get bored「退屈する」です (be が get になった形)。
get bored -ing「〜して退屈する」(この -ing は分詞構文で「〜しながら」という意
味です)。

....

I was bored to death yesterday.

昨日は死ぬほど退屈だった。

be bored to death は直訳「退屈してその結果死に行き着く (結果の to)」→「死
ぬほど退屈する」という意味です。

tire [táɪər]

♪086

[辞書的な訳語] 疲れさせる

tiredの形で有名な単語です。意味は問題ないのですが、動詞tireとtiring
の形も使いこなせるようにしましょう。

🌱 イメージ喚起

世間のイメージ通りですが、あえて付け足すと、「はあ…」とため息が
出たり、「ダル…」と思わせたりするような「疲れさせる」です。

ちなみにbe tiredは、たとえば仕事から帰ってきて、ソファに座ってテ
レビを見たりスマホをいじったりするくらいの余力はあります。

※次のbe exhaustedはそんな気力もないほどの疲れです。

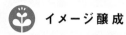 **イメージ醸成**

His speech tired me.

彼のスピーチに私はうんざりした。

直訳「彼のスピーチは私を疲れさせた」

a tiring schedule

疲れるスケジュール

直訳「疲れさせるスケジュール」(たとえば仕事が詰まっている・移動時間が多い旅行・朝早く夜遅い日程)

runners tired after the race

レースの後に疲れているランナーたち

過去分詞tiredが、直前の名詞runnersを修飾した形です。

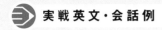

The hike to the top of the mountain tired me out.

語句 hike：ハイキング

山頂までのハイキングで私は疲れた。

★ out がくっついて、tire 人 out という形でもよく使われます（特に意味は変わりませんが、out がついた分だけ「疲れ」が強調される感じです）。

- -

Brother: Did you have fun volunteering?

Sister:　Yeah. The runners tired after the race looked happy to receive cold water. I'm glad I was able to help them.

兄：ボランティアは楽しかった？

妹：ええ。レース後で疲れたランナーたちが、冷たい水をもらえて嬉しそうだったわ。力になれてよかった。

ちょっと補足

Looking at a computer screen all day makes my eyes tired.

一日中パソコンの画面を見ていると目が疲れる。

make OC「O を C の状態にする」の形です。この形では「人」ではなく「目 (eyes)」が「疲れさせられる」という関係ですが、実際の会話では、この make one's eyes tired はよく使われます。直訳「〜は、目を疲れさせられた状態にする」→「〜で目が疲れる」となります。

exhaust [ɪgzɔ́ːst]

♪089

[辞書的な訳語] 疲れさせる

exhaustの読み方（発音）が難しいからか、世間に浸透しません。exは「イグ
ズ」、hは読まず、auは「オー」、stはそのまま「スト」なので、exhaustは「イグ
ゾースト」となります。

🌱 イメージ喚起

「外に (ex) エネルギーを出す」→「使い果たす」→「体力を使い果たす」
→「どっと疲れさせる」です。

　ちなみに車やバイクの「排気装置」を「エキゾースト」と言いますが、
これは「排気ガスを外に (ex) に出すもの」です。

　tireのところで触れたように、be tiredは仕事から帰宅後、ソファに座っ
てグダグダする余裕はありますが、
be exhaustedの場合は、帰宅後に
ソファでそのまま寝てしまうほど疲
れ切ったイメージです。

イメージ醸成

感情表現ではないのですが、exhaust本来の「外に出す」→「徹底的に使う・使い果たす (use up)」という意味も確認してみましょう。

• exhaust our food supply

食料の供給が尽きる

直訳「食べ物の供給を使い果たす」

• I'm exhausted.

疲労困憊だよ。

be exhausted「どっと疲れさせられた」→「とても疲れた」です。

Lifting these heavy boxes is exhausting. 語句 lift：持ち上げる

この重いダンボール箱を持ち上げるのは、すごく疲れる。

Husband: I'm exhausted.

Wife:　　We need to do something about your tiring schedule.

Husband: Perhaps we can move closer to the office. Spending three hours on the train every day is too much.

語句 do something about ～：～を何とかする・～を解決するためにどうにかする

close to ～：～の近くに

夫：すごく疲れたぁ。

妻：疲れちゃうスケジュールを何とかしないとね。

夫：職場の近くに引っ越すのがいいかもね。毎日3時間も電車に乗ってるのはきつすぎるよ。

困惑・混乱系の動詞

Chapter7で扱う動詞は次の5つです。
超訳イメージに該当すると思う英単語を
線でつないでみてください。

「ごちゃ混ぜで混乱させて『ん??』
と思わせる」　　　　　　　　　　　upset

「わけわかんないことで困らせる」　　perplex

「顔を赤くして『恥ずっ!』と思わせる
・あたふたさせる」　　　　　　　　embarrass

「『え…?』と混乱させて、悩ませる」　confuse

「マジかよ!? どうしよ? ヘコむわ…
ちっくしょ ──! と心をかき乱す」　baffle

upset [ʌpsét]

♪092

[辞書的な訳語]　心を乱す・むしゃくしゃさせる

このupsetは日本語に訳すのが極めて難しい単語です。ネイティブの説明でも「色々な気持ちが含まれて、状況判断するしかない」という答えが返ってきます。実際、英英辞典の説明に使われる単語もバラバラで、いくつもの感情を表す単語が羅列されます。

少なくとも辞書でもネイティブ教師の説明でも、一言で腑に落ちるものは僕の知る限り皆無なので、upsetを端的な日本語で定義することは不可能なのでしょう。

とはいえ、何かしらの視点を伝えるのが英語を教える者の役目ですから、本書なりの説明・まとめ方を示していきます。

🌱 イメージ喚起

「セット（set）したものを上に（up）ひっくり返す」で、文字通り「ひっくり返す」という意味もありますが、感情面で「冷静な心をひっくり返す」→「心をかき乱す」という発想が土台になります。そしてここから色々な気持ちに派生するわけですが、その様子を本書では「マジかよ!? どうしよ? ヘコむわ… ちっくしょう——!」と言いたくなる気持ちとまとめます。

　以下、具体的に訳語を考えていきましょう。

※ここからはbe upsetでの意味で説明します（つまり「〜させられて」→「〜して」という立場から示していきます）。

be upsetは「心が乱されて、その結果、次の３つのどれか、もしくはその複数が混ざり合った感情になる」と考えてください。

① 「マジかよ!?どうしよう？」という狼狽
「オロオロとうろたえる・取り乱す」感じでupsetの根本になる感情

② 「へコむわ…」という悲しさ
英英辞典ではsad・unhappy・worried・disappointedなどで説明される

③ 「ちっくしょ──！」というイライラ
英英辞典ではa little angryなどで説明される

どの意味であれ、根底には「心がかき乱されて落ち着かない気持ち」があります。
また、upsetには「胃をムカムカさせる」という意味もあるのですが、この「胃のムカムカ」が気持ちに
表れたとも言えます。

upsetは無変化
□upset-upset-upset　※原形・過去形・過去分詞が同じ形
□upsetting　　　　　※-ingの場合はtを重ねる

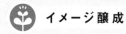 **イメージ醸成**

upsetは1つの日本語訳だけでは表し切れません。もちろんupsetに含まれる、それぞれの感情は日本語にもあるのですが、そのいくつかの気持ちが入り混じった様子を一言で表せる日本語が存在しないのです。ですからここで示した日本語訳は一例にすぎません。文脈・状況に応じていくつかの解釈ができるので、その日本語訳にはとらわれず、あくまでも「マジかよ!? どうしよ? ヘコむわ… ちっくしょ――! と心をかき乱す」ような気持ちが根底にあることを意識してください。そして、その「動揺」を土台に、ときにそのままオロオロしたり、悲しみやイライラが前面に出たりします。

• upset my mother by ignoring her advice

母親のアドバイスを無視して、母をイラっとさせる

語句 ignore：無視する

文脈次第で「オロオロさせる」もアリ

• an upsetting photograph of homeless children

家がない子どもたちが写った、胸が張り裂けそうになる写真

写真を見て、「マジかよ!? どうしよ? ヘコむわ…」という社会へのやるせない気持ちや、「ちっくしょ――!」という自分への無力感やイライラなどが感じ取れます。

• be upset about missing my flight

飛行機に乗り遅れてオロオロしている

• be upset with him

彼に少し腹をたてている

be upset with 人 の形では「人 に対して怒っている」になることが多いです（angryまではいかない気持ち）。

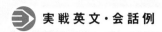

A: I'm upset with my husband.

B: Why? What happened?

A: I've been telling him to clean up his room for weeks, but he hasn't done anything yet.

> A：夫に少しイラついてるの。
> B：なんで？何があったの？
> A：部屋の掃除をするように何週間も言い続けているのに、まだ何にもやっていないの。

Dad:　Why does Yamato look so upset?

Mom: He made an embarrassing mistake at school.

Dad:　What happened?

Mom: He apparently called his teacher "Mom."

> 語句 embarrassing：恥ずかしい（p.128）
> apparently：どうやら・聞くところによると

> 父：どうしてヤマトはあんなにヘコんでるんだ？
> 母：学校で恥ずかしい間違いをしたんだって。
> 父：何があったの？
> 母：なんか、先生のことを「ママ」って呼んじゃったみたい。

★ look upset「動揺しているように見える・ヘコんでいるように見える」（この upset は過去分詞）

125

perplex [pərpléks] ♪095

[辞書的な訳語] 当惑させる

日常会話で頻繁に使われる単語ではないのですが、せっかくの機会なので
チェックしておきましょう。

🌱 イメージ喚起

　頭の中で物事がグチャグチャに絡み合って迷わせたり、「え…?」と思
わせたり、色々考えてもまったく結論が出ないで悩ませるイメージです。

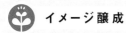 **イメージ醸成**

- **a perplexing problem**

  困った問題

- **a perplexing dream**

  なんだか意味のわからない夢

- **be perplexed about how to respond**

  どう返事をしたらいいのかわからず困ってしまう

  語句 respond：返事をする

実戦英文・会話例 ♪096

A: Miu asked me if I wanted to go to Germany with her for a month.

B: For a month? That's pretty long.

A: Yeah. And she won't tell me why or for what. I was perplexed about how to respond.

語句 pretty：まあまあ・けっこう・かなり

for what：何のために・なぜ

A：ミウに、一緒に1か月ドイツに行かないかって誘われたの。

B：1か月？かなり長いね。

A：でしょ。それに、理由や目的も言おうとしないの。どう返事していいかわからずに困っちゃって。

embarrass [ɪmbǽrəs] ♪097

[辞書的な訳語] 恥ずかしがらせる

よく使われる便利な単語なのですが、使いこなしている人はかなり少ないです。この単語を知らないのはすごくもったいないので、ぜひここでマスターしておきましょう。

🌱 イメージ喚起

embarrassの中にbar「バー・棒・障害物」があります。人の前にbarを置いて道を遮り「あたふた」させるとイメージしてください。
「顔が赤くなるような恥ずかしさ」や「気まずさ」を表す単語で、「うわっ、恥ずっ!」みたいな感じで、人前でやたらと褒められたり、袖にご飯つぶがついているのに気づいたりしたときの恥ずかしさに使われます。

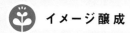 **イメージ醸成**

- **embarrass me in front of my friends**

  友達の前で私に恥ずかしい思いをさせる

- **an embarrassing mistake**

  恥ずかしいミス

- **be embarrassed in public**

  人前で恥をかく

  語句 in public：人前で・公衆の面前で

- **be embarrassed because I forgot her name**

  彼女の名前を忘れて気まずい思いをする

  このように「気まずい・ばつが悪い」といった訳し方もできます。

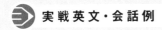

実戦英文・会話例

Please don't embarrass me in front of my friends.

お願いだから、友達の前で恥ずかしい思いをさせないでよ。

How embarrassing it was to slip on a banana peel!

語句 slip：転ぶ／peel：皮

バナナの皮で転ぶとは、なんて恥ずかしいんでしょう！

★ It was embarrassing to 〜「〜することは恥ずかしいと思わせることだった」の形から、embarrassing→How embarrassing になって前に出た形です。

Husband: How was the party?

Wife:　It was OK. But I was embarrassed because I forgot my co-worker's husband's name.　語句 co-worker：同僚

夫：パーティーはどうだった？

妻：よかったわ。でも、同僚のご主人の名前を忘れちゃって気まずい思いをしたの。

ちょっと補足

「顔が赤くなるような恥ずかしさ」には be embarrassed ですが、「（顔が青ざめて）こんなことをしてしまって誠に恥ずかしい限り」のときは be ashamed が使われます。

保護者が子どもに怒って、You should be ashamed of yourself.「自分を恥じなさい」と説教することもあります（「反省しなさい」というイメージ）。

confuse [kənfjúːz]　♪101

[辞書的な訳語]　混乱させる

「混乱させる」という意味で知られていて、そのイメージでOKです。

 イメージ喚起

　元々は「ごちゃごちゃに混ぜて混乱させる」です。「ん???」と思わせるイメージです。

イメージ醸成

- ## His questions confused me.

  彼の質問は私を困惑させた。

- ## confuse employees by giving unclear instructions

  曖昧な指示を出して、従業員を混乱させる

  語句 unclear：曖昧な・不明瞭な／instruction：指示

- ## These instructions are so confusing.

  これらの指示はすごくわかりにくい。

- ## be confused about what to do next

  次に何をすべきか迷う

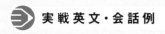

A: Did you try using the software I told you about?

B: I tried, but I was confused because different websites gave different instructions on how to use it.

語句 instruction：指示・取扱説明書

A：教えてあげたソフトウェア、使ってみた？

B：やってみたんだけど、ウェブサイトによって使い方の説明が違っていて混乱しちゃった。

....

Her explanation was confusing to me because I had no prior knowledge. 語句 explanation：説明／prior：事前の・前もっての

予備知識がなかった私には、彼女の説明はわかりにくかった。

「混乱させる」以外に、「～を混乱する」の意味でも使われます。confuse A with B「AとBとで混乱する」が大事な形です。たとえば、confuse him with his brother「彼と彼のお兄さんの区別がつかない」となります。

A: Why do people always confuse me with my brother?

B: Well, you guys do look similar.

　　A：どうしてみんな、いつも僕と弟を間違える［僕と弟の区別が
　　　　つかない］んだろう？

　　B：うーん、君たちは本当に似てるからね。

また、confused は、a confused look「困惑させられた表情」→「困惑した表情」でも使われます（この look は名詞「見た目・表情」）。

The girl stood there with a confused look on her face because the magician made a bird disappear.

語句 disappear：消える

　　マジシャンが鳥を消してしまったので、その女の子は困惑した顔でその
　　場に立ち尽くしていた。

with a confused look on her face は、with OC「OがCのままで」の形で、直訳は「困惑させられた表情を顔の上に浮かべたままで」です。意訳すると「困った顔で」などとなります。

baffle [bǽfl]

♪104

[辞書的な訳語]　まごつかせる・当惑させる

> 超難単語なので、余裕がない場合はスルーして○Kですが、実際にはたまに
> 見かけるので、本書で扱っておきます。

🌱 イメージ喚起

　難しいこと・意味不明なことを理解できずに「わけわかんない」と思わせて困らせるイメージです。訳語としては「まごつかせる・当惑させる・困惑させる」といったものがよく使われます。

　さらに、辞書には載っていないかもしれませんが「混乱させる」でもいいでしょう。僕が大学のとき、アメリカ人の先生との会話でbaffleが出てきて、僕が聞き取れなかった（そもそも単語自体を知らなかった）とき、その先生がconfuse deeplyと説明していました。

- **baffled many business owners**

多くの経営者を困惑させた

語句 business owner：経営者

- **find his statement baffling**

彼の発言を不可解に思う／彼の発言の意味がわからない

語句 statement：発言

> bafflingは、confusing「混乱させるような」をさらに強くした感じです。英語上級者でも知らない人が多い単語ですが、特に堅苦しいとか古いといったことはなく、普通に使われます。

- **Yuki was baffled when 〜.**

ユキは〜したときに（まったく意味がわからずに）困惑した。

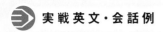

The changes in the tax laws baffled many business owners.

語句 tax law：税法

税法の改正は多くの経営者を困惑させた。

....

Sharon found Christina's statement baffling.

シャロンはクリスティーナの発言の意味がわからなかった。

....

Yuki was baffled when she arrived at work as usual and no one was there, until she realized it was a national holiday.

語句 as usual：いつもどおり／realize：気づく
national holiday：国民の祝日

ユキがいつものように出勤すると誰もいなくて困惑したが、その日が祝日だと気づいた。

失望系の動詞

Chapter8で扱う動詞は次の3つです。
超訳イメージに該当すると思う英単語を
線でつないでみてください。

「意気消沈させる」　　　　　　　　　disappoint

「期待に応えないでがっかりさせる」　depress

「やる気を奪い取る」　　　　　　　　discourage

disappoint [dìsəpɔ́ɪnt] ♪108

[辞書的な訳語] がっかりさせる

どうしても、shocked「ショックを受ける」やsad「悲しい」（sadは形容詞）などの単語を使ってしまいがちなので、会話で使う機会がないかもしれません。辞書的な訳語「がっかりさせる」で十分ではあるのですが、ここでぜひ「期待を裏切る」感じまで押さえておきましょう。

🌱 イメージ喚起

「約束（appoint）をディスる（dis）」→「約束をすっぽかす」→「がっかりさせる」と考えてください。約束通りでなかったり、期待が裏切られたりするときの「がっかり・残念感」がある単語です。「あ～あ…残念」という感じでもあります。

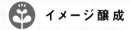 **イメージ醸成**

• Don't disappoint me.

がっかりさせないでね。

あまり感じの良い表現ではないですが、映画などで聞いたときに
意味がわからないといけません。たとえば、試験の前にちょっとキ
ツめの親が子どもに言う場面が想像されます。

• disappointing reviews on his first novel

彼が初めて書いた小説に対する、がっかりさせるようなレビュー

語句 review：レビュー・批評

• be disappointed to hear the news

その知らせを聞いて失望する

be disappointed to ～「～してがっかりする」の形／be
disappointed when ～「～してがっかりする」の形もアリです。

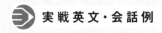

A: I wonder why the author hasn't written anything for a while. I really liked his first novel.

B: I heard that the author was shocked when he received so many disappointing reviews on his first novel. Maybe he doesn't want to write anymore.

語句 wonder：〜だろうかと思う／for a while：しばらく
not 〜 anymore：もう〜ない

A：あの作家さん、どうしてしばらく何も書いてないんだろう。彼が初めて書いた小説、大好きだったんだけど。

B：初めて書いた小説があまりにも多くの不本意な批評を受けてショックを受けたって聞いたよ。もう書きたくないのかもね。

The fans were disappointed when they heard the concert was cancelled.　　　　　　　　　　　語句 cancel：中止する

コンサートが中止になったと聞いてファンはがっかりした。

depress [dɪprés]

♪111

[辞書的な訳語] がっかりさせる

英語ニュースや英字新聞では、名詞depression「うつ病・不況」がよく使われるのですが、「うつ病・不況」どちらの意味も「沈んだもの」ということです。

🌱 イメージ喚起

depress は「気持ちを下へ・マイナス方向へ（de）押す（press）」ということです。一時期、若者が使った「アガる」という言葉の反対で「**意気消沈・激萎え**」の感じです。

前項のdisappoint は割と気軽に使うのですが、このdepress はシリアスな感じで使われます。「はあ…」
と意気消沈する感じです。
※日本語でもそうですが、（特に若者は）
会話で大げさに言うときもあるので、
軽い気持ちでdepress が使われること
はあります。

イメージ醸成

- **The news depressed us.**

  そのニュースで私たちはがっかりした。

- **That song depresses me.**

  あの曲を聞くと気分が落ちる。

- **His novels are all so depressing.**

  彼の小説はどれも気が滅入るものばかりだ。

- **be depressed by my failure**

  失敗に落ち込んでいる

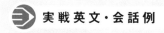

A: Do you listen to songs by Rin?

B: Sometimes. But her songs depress me.

A: Yeah, they're usually about death. But I really like the lyrics.

語句 lyric：歌詞

A：リンの曲は聞く？

B：時々ね。でも、彼女の曲を聞くと暗い気持ちになるんだよね。

A：うん、たいてい死についての曲だもんね。でも、歌詞は本当に好きなん
　　だよねえ。

· ·

Mark's uncle:　What's wrong with Mark?

Mark's aunt:　He's depressed because he didn't get into the
　　　　　　　　college he wanted to go to.

マークの叔父：マークはどうしたんだ？

マークの叔母：行きたかった大学に入れなくて落ち込んでるのよ。

discourage [dɪskə́:rɪdʒ] ♪114

[辞書的な訳語]　がっかりさせる

　disがあるのでマイナスのイメージが予想できますね。courage「勇気」という単語を知らない人はぜひこの機会に覚えておきましょう。

🌱 イメージ喚起

　「勇気（courage）をディスる（dis）」→「やる気をそぐ・がっかりさせる」です。「これから頑張るぞ」というやる気を奪い取る感じです。
※ちなみにencourageという単語の場合は「中に（en）勇気（courage）を入れる」→「勇気づける」です。

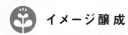 **イメージ醸成**

• discourage him from trying to publish his novel

小説を出版しようとする彼の意欲をそぐ

語句 publish：出版する

discourage 人 from –ing「人が〜する気をなくさせる」の形が重要です。

• hear discouraging news about climate change

気候変動に関する残念な[悲観的な]ニュースを耳にする

語句 climate change：気候変動

• feel discouraged about finding a job

仕事探しの意欲をなくす

be discouragedのbeがfeelに変わった形です。feel discouraged「失望を感じる・やる気がなくなる」などと訳せます。

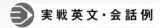

Negative feedback from his friends discouraged him from trying to publish his novel.

語句 negative：否定的な／feedback：意見・フィードバック

彼は友人たちからの否定的な意見を受けて、小説を出版しようとする意欲をなくした。

A: I hate job hunting.
B: Me, too. I'm starting to feel discouraged about finding a job.

語句 job hunting：就職活動

A：就活なんて嫌い。
B：私も。仕事探しの意欲をなくしつつあるわ。

怒り・嫌悪系の動詞

QUIZ

Chapter9で扱う動詞は次の6つです。
超訳イメージに該当すると思う英単語を
線でつないでみてください。

「少しイラっとさせる」　　　　　　　irritate

「『ウザい』と思わせる」　　　　　　annoy

「人前で顔が真っ赤になるくらい恥ずか
しい思いをさせる」　　　　　　　　bother

「イライラさせる・『もうやめて!』という気
持ちにさせる」　　　　　　　　　offend

「吐き気を引き起こして『ウエッ』とさせる」　disgust

「相手の心をグサッと刺して気分を害する」　humiliate

irritate [írətèɪt]　　　　♪117

[辞書的な訳語]　イライラさせる・怒らせる

> どうしても形容詞angryばかりを使ってしまいがちですが、この動詞をマスターすることで、日常の「ちょっとしたイライラ」を表せるようになります。

🌱 イメージ喚起

　irritateと「イライラさせる」の音が似ています。これはただの偶然ですが、覚えやすくなるのでぜひ利用してください。

　ちなみに日本語「いら(苛・刺)」は「とげがちくちく刺さる」ことなのですが、irritateも同じイメージでOKです。なんか嫌なことをされて、思わず"Stop it!"「やめて!」と言いたくなるときや、「平穏な気持ちが乱される」ときに使う感じです。
たとえば、貧乏ゆすりなどは
隣の人にとっては、an irritating
habit「不愉快なクセ」と言える
わけです。

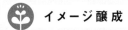 **イメージ醸成**

- ## The train delay irritated her.

電車の遅れは彼女をイライラさせた。

語句 delay：遅れ

- ## irritate other passengers by listening to loud music

大音量で音楽を聴いて、他の乗客をイライラさせる

語句 passenger：乗客／loud：音が大きい

- ## an irritating habit of complaining about everything

何に対しても文句を言う、人をイライラさせる［不愉快な］癖

語句 habit：癖／complain：不満を言う

- ## be irritated by a fly flying around

飛び回るハエにいらだつ

語句 fly：ハエ

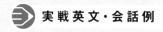

A: I'm not sure if I want to marry Haruto.

B: Why? You guys look so happy together.

A: Well, he has an irritating habit of complaining about everything.

語句 marry：結婚する

A：自分がハルトと結婚したいのかどうかわからないの。

B：どうして？一緒にいるとあんなに幸せそうなのに。

A：うーん、彼って、何についても文句を言う、イラっとくる癖があるのよ。

I was irritated by constant interruptions.

語句 constant：絶え間ない／interruption：中断・妨害

絶え間なく邪魔が入ってイライラした。

annoy [ənɔ́i]

♪120

[辞書的な訳語] イライラさせる・怒らせる

irritateとセットにしてマスターしておきましょう（使うときは自分の好きな方で、後は聞いてわかれば十分でしょう）。

🌱 イメージ喚起

irritate とほとんど同じなので、"annoy・irritate「イライラさせる」" とセットで覚えてください。実際、英英辞典でもannoyの説明でirritate が使われます。

強いて違いを言えば、annoyの方がイライラがほんのちょっと強めです。また、annoyingは若者言葉の「ウザい！」に合うので、annoy は「ウザく思わせる」くらいにイメージしてもいいでしょう。

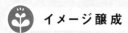 **イメージ醸成**

annoy one's little sister by teasing her

妹をからかってイライラさせる

語句 tease：からかう・いじめる

have an annoying habit of leaving dirty dishes in the sink

汚れたお皿を流しに置きっぱなしにする厄介な癖がある

語句 dirty：汚れた／sink：流し・シンク

My husband is so annoying!

ウチの旦那、本当にウザいの！

how to annoy the opponent

対戦相手をイライラさせる方法

語句 opponent：対戦相手・敵

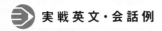

A: I don't like this basketball player.

B: Me neither. He always tries to annoy his opponents.

　A：このバスケ選手、好きじゃないんだ。

　B：私も。いつも対戦相手をイラつかせようとしてるんだもの。

I am annoyed by people who use their smartphones while walking.

私は歩きスマホをする人たちにイライラする。

★ people who use their smartphones while walking の直訳は「歩きながらスマホを使う人々」

bother [báðər]

♪123

[辞書的な訳語] 悩ませる

あまり知られていない単語で、何ならbrother「兄弟」と見間違えられてしまうほどです。

🌱 イメージ喚起

本来「邪魔をする」という意味です。「邪魔する」→「悩ます・迷惑をかける」と考えればOKです。ただ、少し軽いトーンでの「迷惑をかける」で使われることも多いです。「少しイラっとさせる・気をもませる・手間をかける」ような感じです。

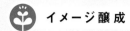 **イメージ醸成**

• I'm sorry to bother you.

ご迷惑おかけしてすみません。

会話で決まり文句のように使われます。たとえば、仕事が終わって家に帰った人に連絡をしたときは、I'm sorry to bother you at home. と使います。「時間外で(ご自宅にいるところ)すみません」という感じです。

• be bothered by noisy neighbors

うるさい隣人に悩まされる

語句 neighbor：隣人

• be bothered by the hot weather

暑くてイヤになる

応用的な使い方ですが、ネイティブは普通に使います。

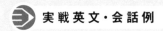
I'm sorry to bother you, but could you help me?

ご迷惑おかけして申し訳ないのですが、手伝っていただけますか？

．．

A: Why did you move?

B: Well, my husband and I were bothered by noisy neighbors.

　A：どうして引っ越したの？

　B：うーん、夫も私もうるさい隣人に悩まされていたの。

ちょっと補足

bother は自動詞「悩む」で使われることもたまにあります。相手をちょっと気遣う感じで以下のように使われたりします。

Don't bother.

わざわざやらなくていいよ。

offend [əfénd]

♪126

[辞書的な訳語] **不快にさせる・怒らせる**

スポーツで使われる「オフェンス」という言葉から「攻撃する」だと誤解されますが、その意味でoffendが使われることはありません（offense「攻撃側・攻撃力」なら使えます）。offendに感情の意味があるとは思われていないのですが、実際にはよく使われます。

🌱 イメージ喚起

不親切・失礼・侮辱するような言動で**相手の心を傷つけたり、不快にさせたり、気分を害したりするイメージ**です。マンガで使われる表現だと、「グサッ！」と心に刺す感じです。
※どうしても「攻撃する」の感覚が抜けない場合、「精神的に相手の心に攻撃する」と覚えてしまうのもアリかと思います。

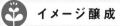 **イメージ醸成**

---

be afraid to say what I really think for fear of offending him

彼を不快にさせることを恐れて、本当に思っていることを口に出せない

語句 for fear of ～：～を恐れて

---

offend the host by not eating dinner

（出された）夕食を食べないで主催者（もてなす側）を不快にさせる

語句 host：主催者・主人

I was offended by his rude behavior.

私は彼の無礼な振る舞いに気分を害した。

語句 rude：無礼な・失礼な

He is easily offended.

彼はすぐに機嫌を損ねる。

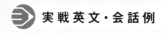
A: An exchange student came to my house last night.

B: Did you have fun together?

A: Yeah. But he offended my mom by not eating dinner at all.
Maybe he doesn't like Japanese food.

語句 exchange student：交換留学生

at all：（否定文で）まったく〜ない

A：昨晩うちに、交換留学生が来たんだ。

B：一緒に過ごして楽しかった？

A：うん。でも、夕食を全然食べなくてうちの母さんの機嫌を損ねちゃって
さ。日本食が嫌いなのかも。

I'm sorry if you are offended.

お気に障った場合は、お許しください。

offendの-ing (offending) は一応あるのですが、代用としてoffensiveのほうがずっと大事です。write offensive comments「不快にさせるコメントを書き込む」、an offensive gesture「不快にさせるジェスチャー」（たとえば中指を立てること）のように使われます。

A: You can leave a comment on this website. Just be careful not to write offensive comments.
B: OK.　　　　　　　　　語句 leave a comment：コメントを残す

　A: このウェブサイトにコメントを残していいですよ。人を不快にさせるようなコメントを書き込まないようにだけ、気を付けてくださいね。
　B: わかりました。

また、offense は名詞「不快・無礼」でも使われますが、特に、No offense, but ～ は相手の悪い所を指摘するときに、「傷つけるつもりはない（悪気はない）けど」のようにワンクッション置くときに使われます。

A: No offense, but your handwriting is messy.
B: So many people have told me that.
　　　　　　語句 handwriting：手書き・筆跡／messy：乱雑な・汚い
　A: 気を悪くしないでほしいんだけど、字が雑だね。
　B: 多くの人にそう言われたわ。

disgust [dɪsɡʌ́st]

♪129

[辞書的な訳語] うんざりさせる・むかつかせる

単語自体が難しいのですが、知っているという人でも「うんざりさせる・むかつかせる」といった感じで「淡々と」覚えています。せっかくですので、この単語が持つ「心底イヤな感じ」まで知っておきましょう。

 イメージ喚起

gustの部分は元々フランス語で「味」という意味です。「マイナスな (dis) 味 (gust)」→「(マズいものを食べて) 気持ち悪くさせる」で、**本来「吐き気を引き起こす」ような気持ち**を表します。腐った食べ物、虫が湧いている場面などを見て、「ウェッ！」と思う感じです。

そしてその意味の対象がさらに広がり、たとえば人として受け入れられないこと（政治家の悪行など）を見たときの気持ちにも使われます。このように「ムカつかせる・腹を立たせる」という訳語でも使われます。

イメージ醸成

The sight and smell of vomit on the platform disgusted me.

私はホームに落ちている吐しゃ物の光景と匂いに不快感を覚えた［オエッとなった］。

語句 sight：眺め／vomit：吐しゃ物／platform：駅のホーム

a disgusting habit of picking his nose

彼の鼻をほじる嫌な癖

語句 pick one's nose：鼻をほじる

The rotting food smelled disgusting.

腐りかけの食べ物は嫌な臭いがした。

語句 rotting：腐りかけの

be disgusted by a stinky man on the train

電車に嫌な臭いのする人がいて気分が悪くなる

語句 stinky：くさい・嫌な臭いのする

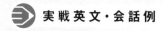

Some people find the smell of natto disgusting, but I love it.
納豆の臭いに不快感を覚える人もいるが、私は大好きだ。

....

A: I wish my little brother would stop his disgusting habit of picking his nose.

B: My brother stopped doing that when he was 10. How old is your brother?

A: Thirteen.

　A：弟が、鼻をほじる嫌な癖をやめてくれたらなあ。
　B：うちの弟は10歳の頃にやめたわよ。弟くん、何歳？
　A：13歳。

humiliate [hju:mílièɪt]

♪132

[辞書的な訳語] 恥をかかせる・屈辱を与える

かなり難しい単語ですが、長い人生の中で誰もが経験する「人前で恥ずかしい思いをするとき」に使うだけに、知っておいて損はないでしょう。

 イメージ喚起

「人前でものすごく恥ずかしい思いをさせる」という意味です。

「人前・公の場」という特徴も大事で、英英辞典にもwhen other people are present「他人がいるときに」といった表現が使われます（presentは形容詞「存在している」）。「人前だからこそ顔が赤くなる」とも言えるわけです。

さらに、余裕があれば「強い」単語だと意識してみてください。embarrassの何倍も強く、恥ずかしい思いをした当の本人はしばらく根に持つかもしれない感じです。

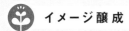 イメージ醸成

The teacher humiliated the boy in front of the entire school.

その教師は全校生徒の前でその少年を辱めた。

語句 entire：全体の

a humiliating defeat

屈辱的な敗北

語句 defeat：敗北

たとえば「強いチームが弱いチームに負けた場合」や「ボロ負けしたとき」に使われます。

I've never been so humiliated in my entire life.

人生でそんな恥ずかしいこと一度もなかったのに。

「それが今までの人生の中で一番恥ずかしい出来事だ」と言いたいときによく使われる文です。

[舞台上でつまずいてころんだ友だちを励ましている]

A: Cheer up. Everyone will forget about it after a while.

B: I hope they do. Oh, I've never been so humiliated in my entire life.

A: I hear tripping on the stage happens pretty often. So don't worry.

語句 cheer up：元気を出す／after a while：しばらくしたら
trip：つまずく・転ぶ

　A：元気出して。しばらくすればみんな忘れるよ。
　B：そうだといいけど。あぁ、あんな屈辱的な思いをしたのは生まれて初めて。
　A：舞台上でつまずいて転ぶなんて、よくあることらしいよ。だから心配しないで。

恐怖系の動詞

QUIZ

Chapter10で扱う動詞は次の5つです。
超訳イメージに該当すると思う英単語を
線でつないでみてください。

「ホラーとショックを与えてゾッとさせる」　　scare

「恐怖に陥れる」　　　　　　　　　　　　　frighten

「頭の中に警告音を鳴らして
不安にさせる」　　　　　　　　　　　　　terrify

　　　　　　　　　　　　　　　　　　　　horrify

「ゾッとさせて怖がらせる」
　　　　　　該当する英単語は2つあります。　alarm

scare [skéər]

♪134

[辞書的な訳語] **怖がらせる**

> 難しい単語ですが、形容詞scary「恐ろしい」なら、動詞scareよりは少しだけ
> 知られています。

🌱 イメージ喚起

「ビクビクさせて足をすくませる」ような雰囲気です。

※他には… scareの「スケ」という鋭い響きから、ガラスをツメでひっかいたときの
ようなゾッとする印象で考えてもいいでしょう。

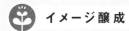 イメージ醸成

• scare a mouse away

ネズミをおどかして追い払う

> 「ゾッとさせて怖がらせる」対象がネズミになります。awayがある
> ので「（怖がらせて）離れさせる」というイメージです（awayは副
> 詞です）。

• He likes scaring children.

彼は子どもを怖がらせるのが好きだ。

• be scared by a rat

ネズミを見てビビる

語句 rat：ネズミ

> be scared「おびえさせられる」→「おびえる」となります。今度は
> ネズミが驚かせる側になっています。（厳密には）ratはmouseよ
> り大きいネズミを指します。

• be scared of the dark

暗闇を怖がる

> be scared of ～「～を怖がる」は性格や好みなど「常
> にそのことを考えると怖くなる」という意味で使われること
> が多いです。

A: Why did you decide to work at a haunted house?

B: I like scaring children.　　　　　　　語句 haunted house：お化け屋敷

　　A：どうしてお化け屋敷で働くことにしたの？

　　B：子どもを怖がらせるのが好きなの。

A: Do you turn off the lights when you sleep?

B: Yeah. But my little brother sleeps with the lights on because
he's scared of the dark.　　　　語句 turn off 〜：〜の電源を切る

　　　　　　　　　　　　　　　　　　with the lights on：電気をつけたまま

　　A：寝るときは電気を消すタイプ？

　　B：うん。でも、うちの弟は暗闇が怖いからって電気をつけたまま寝るんだ。

ちょっと補足

scaring の代用として、scary という形容詞が使われます。「怖がらせるような」という意味で考えればOKです。

a scary movie　恐ろしい映画

a scary ghost story　怖い怪談

a scary Halloween mask　おっかないハロウィン（で使う仮装用）
の仮面

frighten [fráitn]

♪137

[辞書的な訳語] 怖がらせる

> 以前、やたらと大学入試でfrightenが問われました。ただでさえ長い
> frightenという単語に-ingや-edをつけるのが受験生には難しく感じられた
> ようです。

🌳 イメージ喚起

「恐怖・驚き（fright）を中にこめる（en）」→「怖がらせる」です。「ゾッ
とさせる」でも「ぎょっとさせる」でも、その辺は好みでOKです。また、
frightenはscareと同じと考えても構いません。

イメージ醸成

- **The dog frightened me.**

  犬が怖かった。

- **a frightening sight**

  ゾっとさせるような光景

- **a frightening drop in stock prices**

  恐ろしいほどの株価の下落

  語句 drop：下落／stock：株

- **be frightened at the sound of a siren**

  サイレンの音にギョッとする

  語句 siren：サイレン

- **too frightened to walk there alone at night**

  怖すぎて、夜にそこまで一人で歩けない

  too 〜 to …「あまりに〜なので…できない」

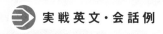
A: I was so hungry last night. I couldn't fall asleep.

B: You could've gone to the convenience store.

A: I was too frightened to walk there alone at night.

　　　語句 fall asleep：眠りにつく／could have p.p.：～できただろうに

　A：昨日の晩、すごくお腹が空いちゃってさ。眠れなかったんだ。

　B：コンビニに行けばよかったのに。

　A：夜一人で歩いていくのは怖くて無理だったんだ。

terrify [térəfài]

♪139

[辞書的な訳語]　怖がらせる

難しい単語ですが、名詞terror「恐怖」は、ゲームや遊園地の乗り物に使われることもあるので、それと関連させて覚えてもいいでしょう。

🌱 イメージ喚起

terrは「おそろしい」という意味で、「テロ（リズム）」と関連があるので、単に「怖がらせる」というよりも「恐怖に陥れる」くらいのイメージを持ってください。

※ゲームや遊園地はいたって安全ですが、表現自体はオーバーなものが好まれますよね。

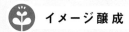イメージ醸成

• **The scary ghost story terrified the children.**

その恐ろしい怪談は子どもたちを怖がらせた。

語句 ghost story：怪談

• **a terrifying earthquake**

恐ろしい地震

• **a terrified child**

怯えている子ども

• **a terrified kitten**

怯えている子猫

語句 kitten：子猫

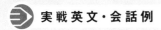

A: You were in Tokyo on March 11, 2011, right?

B: Yeah. The earthquake was terrifying.

　　A：あなたは2011年3月11日、東京にいたんですよね？

　　B：はい。あの地震は恐ろしかったです。

I wanted to take the terrified kitten home, but he ran away from me when I got near him.

　　私はその怯えた子猫を家に連れて帰りたかったが、私が近づくとその子は
　　走って逃げてしまった。

　　★him は「その子猫」を指します。学校では it を使うように習いますが、実際の会話では
　　親しみを込めて he・she を使うことはよくあります。

horrify [hɔ́ːrəfài]

♪142

[辞書的な訳語] 怖がらせる

名詞horror「恐怖」が、そのまま「ホラー映画」として日本語で使われていますね。

🌱 イメージ喚起

horrify は「ホラー（horror）を与える」だけでも十分なのですが、実は shock の意味も含まれているので（英英辞典でもshock を使って説明されることが多い）、「ホラーとショックを与える」と考えると完璧です。思わず目を見開いて息を吸い込む恐怖やゾッとした気持ちを表します。

※horrify も terrify も（本書なりの説明はしましたが）実際には無理に区別する必要はありませんのでご安心を。

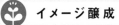

- **The news horrified him.**

その知らせで彼はゾッとした。

- **hear a horrifying scream**

恐ろしい叫び声を聞く
語句 scream：叫び声

- **be horrified at the news**

その知らせにゾッとする

 実 戦 英 文 ・ 会 話 例　　　　　　　　　♪143

Husband: Did you hear that?
Wife:　　　Hear what?
Husband: I think I heard a horrifying scream outside.
Wife:　　　Really? I didn't hear anything.

　夫：今の聞いた？
　妻：何のこと？
　夫：恐ろしい叫び声が外で聞こえた気がしたんだけど。
　妻：本当？何も聞こえなかったわ。

alarm [əlάːrm]

♪144

[辞書的な訳語] **不安にさせる**

「目覚ましのアラーム」で単語自体は有名ですね。本来は「警告音」の意味
で、エレベーターの中にa fire alarm「火災警報」と書かれているかもしれな
いのでチェックしてみてください。この「警告音」のイメージがとても大切です。

 イメージ喚起

「どうしよう？」と思わせるような不安をかきたてるのがalarm です。
「アラーム・警告音・警報」から「頭の中に警告音を鳴らす」とイメージ
してください。その結果、「不安にさせる」という意味と、場合によって
はさらに不安が増して「怖がらせる」まで行き着くこともあります（英英
辞典ではfrighten を使って説明されて
います）。いずれにせよ、警告音が
鳴っているだけに「警戒させる」
ニュアンスが含まれます。

　ちなみに、alarm のarm の部分
はarms「武器」という意味で、「武
器を手にするほど不安な状況」を
考えてもいいでしょう。

イメージ醸成

● The news alarmed Joe.

そのニュースにジョーは不安になった。

> ニュースを聞いたときに「頭の中に警告音が鳴る」イメージです。

● an alarming drop in blood pressure

異常な血圧低下

語句 drop：低下／blood pressure：血圧

> 機械のアラームが鳴るような、危険な血圧の低下を指します。

● Don't be alarmed.

びっくりしないでね。

> このままよく使われる表現です。

The news of the stock market crash alarmed Joe, and he rushed to sell his entire stock portfolio before the value dropped even further.

> 語句 stock market：株式市場／crash：暴落・崩壊
>
> 　　rush to 〜：大急ぎで〜する・〜するように急ぐ
>
> 　　entire：全体の／stock portfolio：株式ポートフォリオ・持ち株の内訳
>
> 　　value：価値／drop：下落する／even（比較級を強調して）さらに

株式市場暴落のニュースでジョーは不安になり、株価がそれ以上下がる前にと、持ち株のすべてを大急ぎで売却した。

[友人の家に遊びに行く途中での会話]

A: By the way, I have a dog called Choco.

B: I love dogs!

A: He's really, really big, but don't be alarmed. He's gentle.

> 語句 gentle：優しい・穏やかな

　A：ところで、うちにはチョコっていう犬がいるんだ。

　B：犬は大好きだよ！

　A：本当にめちゃくちゃ大きいけど、びっくりしないで。優しい子だから。

「傷つける」系の動詞

感情表現の延長として、気持ちではなく、実際に体を傷つけるという意味を持つ動詞もチェックしておきましょう。気持ちと体の違いはあるものの、結局は「〜させる」型になるので、感情動詞とセットでマスターするのが効率的です。

QUIZ

Chapter11で扱う動詞は次の3つです。
超訳イメージに該当すると思う英単語を
線でつないでみてください。

「『痛っ!』と言わせる」 wound

「実際にズキッとするケガを負わせる」 hurt

「武器を使って大きなケガを負わせる」 injure

超訳イメージ

hurt [hə́ːrt]

♪147

[辞書的な訳語] 傷つける

hurt・injure・woundの話になると、それぞれのニュアンスの違いばかりが説明されるのですが、その前に「使い方」の共通点に注目することが大事です。というのも、使い方をミスしたら意味がまったく変わってくるのは、今までの感情動詞と同じだからです。まずは3つとも「〜させる」という意味を持ち、「動詞の直後に名詞がくる」という基本を意識してください。

🌱 イメージ喚起

hurt は「体を傷つける」にも「心を傷つける」にも使える単語です。「相手の体でも心でも『痛っ!』と言わせる」イメージです。hurt は「ケガ」というより「痛み」と押さえておくと、この後に出てくるinjure・wound

との違いがより鮮明になります。

hurt は「血が出ない、あくまで体の中の痛み」なので、それがそのまま「心の痛み」にも使われるとイメージしてもいいでしょう。

また、無変化型の動詞なので、過去形・過去分詞形も同じ形です（hurt-hurt-hurt）。

ちなみに、「ハート」と聞くとheart「心」が浮かびますが、これは口を大きく開けて「アー」と発音します。一方、hurtは口を半開きで「アー」と発音します（「アー」よりむしろ「ウー」に聞こえるかもしれません）。発音の聞き分けに自信がなくても、そもそもheartは名詞で、hurtは動詞なので、文法的な違いで判断できます。

 イメージ醸成

• hurt my back -ing

〜して腰を痛める

> backは「背中」以外に「腰」を指すこともできます。この-ingは厳密に説明すると分詞構文で「〜しながら」といった意味になります。直訳すると「〜しながら自分の腰を傷つける」となります。

• She was hurt by his lies.

彼女は彼のうそに傷ついた。

> hurtは「体を傷つける」がメインの用法ですが、このように「心」にも応用できます。

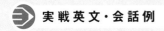

I hurt my back lifting some heavy boxes.

語句 lift：持ち上げる

私は重い箱をいくつか持ち上げて腰を痛めた。

⋯⋯⋯

You might get hurt if you're not careful.

気を付けないとケガをするかもしれないよ。

★ be hurtのbeがgetになった形で、get hurt「傷つく」となります（よく使われます）。この文は文脈次第では「心が傷つく」と解釈することも可能です。

⋯⋯⋯

A: I heard that Ritsu and Ayaka broke up. Is it true?

B: No. At least not yet.

A: What happened?

B: Well, apparently Ayaka was hurt by what Ritsu said.

語句 break up：破局する／apparently：どうやら・聞くところによると

A：リツとアヤカが別れたって聞いたよ。本当？

B：ううん。少なくとも、まだ、ね。

A：何があったの？

B：うーん、どうやら、リツの言葉にアヤカが傷ついたみたい。

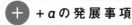

動詞の直後に「人」ではなく feelings「感情」という名詞がきて、hurt her feelings「彼女の感情を傷つける」のように使うこともできます。

What you said hurt my feelings.

あなたの言葉は私の心［感情］を傷つけた。

また、「傷つける」という他動詞用法が基本ですが、自動詞で「痛む」という使い方もあります。これは「体」を主語にして、体 hurts.「体が痛い」という形になります。すごく簡単で便利な用法です。
※3単現のsがつく場合が多いのでhurtsとしましたが、もちろん主語が複数（legs「両足」など）であれば、hurtのまま使います。

My arm hurts.

腕が痛い。

injure [índʒər]

♪151

[辞書的な訳語] 傷つける

前項のhurtは「体・気持ちの両方に使える」のでしたが、injureとwoundは「体に対してのみ使う」と整理するのが一番ラクです。

※ 細かいことを言えば「動詞の後ろに『感情』という意味のfeelingsがくるなど、比喩的な意味では使われる」といったことはあるのですが、それは文脈から判断できるので、まずは上記のようにざっくり整理してください。

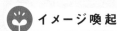 イメージ喚起

injure は気持ちではなく、「実際にズキッとケガを負わせる」感じで、「スポーツ・事故でのケガ」に使われることが非常に多いです。

また、hurtと違って、injure と wound は「切れた・折れた・血が出た」など、「見た目にわかりやすい」ケガに使われることが多いです。

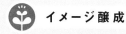 イメージ醸成

• injure my leg

足を負傷する

直訳「足を傷つける」

• be seriously injured

ひどいケガをする

語句 seriously：ひどく・重く

• a bird with an injured wing

翼を傷めた鳥

語句 wing：翼

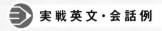

I injured my arm playing basketball.

私はバスケットボールをしていて腕を痛めた。

★ playing basketball は分詞構文で、「バスケットボールをしながら」です。

・・・

A: Is this a picture of you in high school?

B: Yeah. I was on the soccer team.

A: Do you still play soccer?

B: No. I stopped playing soccer when I was 17 because I got injured.

A：これが高校時代の君の写真？

B：うん。サッカー部だったんだ。

A：まだサッカーをやってるの？

B：いや。ケガをしちゃって、17歳のときにサッカーをやめたんだ。

★ be injured が get injured「ケガをする」の形になることもよくあります。

ちょっと補足

動詞の直後に「感情」という名詞（feelings）がくることはあります（これは hurt でも同じ用法）。

injure his feelings 彼の気持ちを傷つける

武器を使って大きなケガを負わせる

wound [wúːnd]

♪154

[辞書的な訳語] 傷つける

woundも今まで同様に「〜させる」型の動詞ということが基本となります。

🌱 イメージ喚起

woundは、injureがさらにひどくなったものとイメージしてください。woundは「武器・刃物でケガさせる」ときに使われます。必然的に、「かなり大きなケガ」になりますし、「戦争や暴力による負傷」で使われることが多いです。

ちなみに、このwoundを苦手とする人が多い理由の1つは「発音がわかりにくいから」だと思います。これは「ウゥンド」という感じで発音します。

また、動詞wind「巻く」は「ワインド」と発音しますが（「風」の意味なら「ウインド」です）、動詞windの過去形・過去分詞形が同じつづりのwoundです（しかしこの場合の発音は「ワウンド」）。

イメージ醸成

• wound the hunter

そのハンターをケガさせる

語句 hunter：ハンター・猟師

たとえばハンターが獲物を撃とうとしたときに危機を感じた動物
がハンターを襲ったときの場面です。

• be wounded in the battle

その戦いで負傷する

be wounded「傷つけられる」→「傷つく・ケガする」

• a wounded dolphin

傷を負ったイルカ

語句 dolphin：イルカ

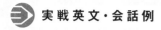 **実戦英文・会話例** ♪155〜157

The hunter's shot wounded the deer, but did not kill it.

語句 shot：発砲・射撃・銃弾／deer：シカ

猟師の撃った銃弾はシカに傷を負わせたが、仕留めることはできなかった。

★この wounded は過去形です。武器（猟師の銃）で傷つけたので wound が使われます。

....

A: Why did the soldiers go back home in the movie?

B: They were wounded in the battle. They couldn't fight anymore.

語句 soldier：兵士／fight：戦う

not 〜 anymore：もう〜ない

A：映画の中で、兵士たちはどうして帰国したの？

B：戦いで負傷したからだよ。それ以上戦えなかったんだ。

....

A wounded dolphin was found on the beach.

傷を負ったイルカが浜辺で発見された。

「〜する」型の動詞

感情動詞は「〜させる」型の和訳で、動詞の直後には
「人」がくるのが大原則でした。しかし、ほんの一部だけ
例外の「〜する」型の動詞もあるので、そういった動詞を
チェックしていきましょう。

QUIZ

Chapter12で扱う動詞は次の3つです。
超訳イメージに該当すると思う英単語を
線でつないでみてください。

「不安や心配に思う・怖がる」 marvel

「驚く、驚く、驚く!」 relax

「リラックスする・くつろぐ・ダラダラする」 fear

marvel [má:rvl]

♪158

[辞書的な訳語] 驚く・驚嘆する

形容詞marvelous「驚くべき」のほうが知られていましたが、今ではアメリカのMarvelという会社のおかげで、marvelという単語自体は割と知られてきました（Marvelという会社は「驚嘆する」ほどのスーパーヒーローを連想させるのが僕のイメージです）。

🌱 イメージ喚起

surprise は「驚かせる」という意味だということは、もはやここまできたみなさんには常識ですよね。その「驚かせる」の例外になるのが、

marvel「驚く」です。「～させる」ではなく、超例外的に「～する」という意味なのです。文法的には「自動詞」ということになりますが、まあ用語自体はこだわらなくても大丈夫なので、marvel at ～「～に驚く」の形を意識してください。

ニュアンスとしてはやや大げさで、「驚く」がさらに大きくなって、「驚嘆する・不思議に

思う」という意味で使われることもあります（辞書にも「wonderと同じ」と書かれることもある）。

　超訳イメージで「驚く、驚く、驚く！」としたのは、もちろん一番大事な「～する」型であることを強調したかったからなのですが、このように連呼することで「本当に驚いて驚嘆する」という含みも持たせました。

➡ 実戦英文・会話例　　　　　　　　　　　　　♪159〜160

All the teachers marveled at the young student's diligence.

語句 diligence：勤勉さ・努力

教師たちは皆、その若き生徒の勤勉さに感嘆した。

....

A: Did you meet Yuka?
B: I did. I marveled at her ability to speak French.
A: She said she started learning French only three years ago.
B: Really? I wonder how she became so fluent in such a short
　 time.　　　　　　　　　語句 wonder：不思議に思う／fluent：流暢な

　A：ユカに会った？
　B：会ったよ。彼女のフランス語を話す能力には感嘆したよ。
　A：彼女がフランス語の勉強を始めたのはたった3年前なんだって。
　B：そうなの？そんな短期間でどうやってあんなに流暢に話せるようになっ
　　　たんだろう。

fear [fíər]

♪161

[辞書的な訳語] 怖がる

> fear自体は基本単語なので、特に難しいとは思われていません。しかし感情動詞に真正面から取り組んできたみなさんだからこそ、「かえってfearがやっかい」という境地に達するはずです。

🌱 イメージ喚起

　名詞の用法（the fear of death「死の恐怖」／for fear of ～「～を恐れて」など）以外に、動詞のfearも大切です。

　ただし、fearは「～させる」型ではなく、「～する」型なので「怖がる・恐れる」となります。さらに、その直後に「怖がる対象」になる名詞がきます。

ニュアンスとしては守備範囲が広く、ちょっとした「不安」から「恐怖」まで使える単語です。

　ちなみに fear 〜 は、be afraid of 〜 と同じだと考えてもOKです。英英辞典でもafraidを使って説明されることがほとんどです（強いて違いを言えば、fearが少しだけ硬く、be afraid of 〜 のほうが会話で多用されるイメージ）。

 ## イメージ醸成

• fear snakes

ヘビを怖がる
[語句] snake：ヘビ

このようにfearの後には「怖がる対象（ここではsnakes）」がきます／be afraid of snakesでも同じ意味になります。

• fear change

変化を恐れる

• fear that she will laugh at me

彼女が私のことを笑うだろうと心配する

fear that 〜「〜ということを不安に思う・心配する」

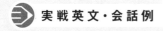

Older people tend to fear change.

語句 tend to 〜：〜する傾向にある・〜しがちだ

年配の方は変化を恐れる傾向にある。

....

A: I'm not sure if I should change jobs.

B: If you want to try something new, go for it. If you fear change, you won't be able to accomplish anything.

語句 change jobs：転職する／go for 〜：〜をやってみる
accomplish：成し遂げる

A：転職すべきかどうか迷ってるんだ。

B：新しいことに挑戦したいなら、やってみなよ。変化を恐れていたら、何も成し遂げられないよ。

relax [rɪlǽks]

♪164

[辞書的な訳語] リラックスする・リラックスさせる

もはや日本語と言ってもいいくらい浸透している単語ですね。
本書で強調してきたパターンである「リラックスさせる」という意味もあり、
（Reading relaxes me.「読書は私をリラックスさせてくれる」）、その意味
を先に載せる辞書も多いのですが、実際の会話では「リラックスする」という
「〜する」型の意味のほうがよく使われるので、ここで扱います。

🌱 イメージ喚起

　日本語でも「リラックス」という単語はよく使いますが、英語のrelax
は日本語とは比べ物にならないほど日常で多用されます。というのも、実
はrelaxという単語は「家でのんびりする・ちょっとダラダラする」とき
にも使えるからです。

　ちなみにlaxという単語は「ゆるんだ」
という意味の形容詞で（かなり難しい単語
です）、力が入った状態から「再び元へ（re）
緩んだ（lax）状態にする」という意味です。

203

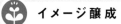**イメージ醸成**

• relax on the sofa after dinner

夕食を食べた後、ソファでくつろぐ

> まずは日本語でも使われるイメージ通りの意味から。

• relax at home on the weekend

週末に家でゴロゴロする

> 「家でくつろぐ」と訳してもいいのですが、このように「大したことをせずに家にいる」ときにrelaxという単語が使えるのです。

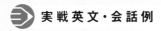
［発表会の直前に］

Piano teacher: Are you nervous?
Student:　　　A little bit.
Piano teacher: Relax. I know you'll be fine.

語句 nervous：緊張している

ピアノの先生：緊張してる？
生徒：少し。
ピアノの先生：リラックスして。大丈夫だよ。

A: What do you do on weekends?
B: I usually relax at home. How about you?
A: Same here. I just watch TV and play games on my phone.

語句 Same here.：こちらも同じで・まったく同感で（p58にも出てきました）

A：週末は何してるの？
B：たいてい家でゴロゴロしてるよ。君は？
A：同じだね。ただテレビを見たり、スマホでゲームをしたり。

★この会話でわかるように、「家でテレビを見たりスマホをいじったりすること」にrelax
が使えます。日常会話で重宝する単語なんです。

ちょっと補足

他動詞のrelaxを見てみましょう。感情動詞の原則通り「リラックスさせ
る・くつろがせる」となります。

Listening to classical music relaxes him.
クラシック音楽を聞くと彼は気が休まる。

Taking a hot bath after a long day is relaxing.
長い一日の後に温かいお風呂に入るとリラックスできる。

【著者紹介】

関 正生（せき・まさお）

◉──1975年東京生まれ。埼玉県立浦和高校、慶應義塾大学文学部（英米文学専攻）卒業。

◉──TOEIC®L&Rテスト990点満点。リクルート運営のオンライン予備校「スタディサプリ」講師。スタディサプリでの有料受講者数は年間140万人以上。受験英語から資格試験、ビジネス英語、日常会話まで指導し、英語を学習する全世代に強力な影響を与えている。

◉──著書累計300万部突破。著書に『真・英文法大全』『英文法ポラリス』シリーズ（KADOKAWA）、『極めろ！リーディング解答力TOEIC®L&R TEST PART7』（スリーエーネットワーク）、『サバイバル英文法』（NHK出版新書）、『中学校3年間の英単語が1カ月で1000語覚えられる本』『大学入試英単語SPARTA』（かんき出版）など120冊超。英語雑誌『CNN ENGLISH EXPRESS』（朝日出版社）でコラムを連載中。

カバーイラスト：加納徳博
本文イラスト：加納徳博　小林由枝（熊アート）

気持ちを繊細に表すための　英語の"感情動詞"51

2024年4月9日　第1刷発行

著　者──関　正生
発行者──齊藤　龍男
発行所──株式会社かんき出版
　　　　　東京都千代田区麹町4-1-4 西脇ビル　〒102-0083
　　　　　電話　営業部：03(3262)8011㈹　編集部：03(3262)8012㈹
　　　　　FAX　03(3234)4421　　　　　振替　00100-2-62304
　　　　　https://kanki-pub.co.jp/
印刷所──ベクトル印刷株式会社